KB187439

[개정판]

미디어 일본어

정현혁 저

제이앤씨
Publishing Company

머 리 말

　이번에 4년 전에 출판되었던 미디어 일본어의 개정판을 내게 되었다. 구성은 초판과 마찬가지로 일본과 관련된 다양한 분야를 주로 뉴스와 유투브 영상을 통해 이해하고 여기에 쓰여진 일본어 표현을 구체적으로 학습하는 것으로 하였다.

　1과부터 13과까지의 구성을 보면 일본의 정치, 경제, 사회, 문화, 생활Ⅰ, 생활Ⅱ, 과학, 의료, 환경, 스포츠, 취미, 유행, 축제 등 일본에 관련된 다양한 분야를 다루고 있다. 게다가 한 과는 4개의 영상이 간략한 클립형태로 세분화 되어 있어 학습자들이 지루하지 않게 그 분야의 다양한 내용을 학습할 수 있도록 하였다.

　1클립부터 4클립까지의 구성은 짧은 영상을 보면서 영상 속에 주어진 문제를 풀어보고 영상에 나온 일본어 표현에 쓰여진 단어학습을 한 후 영상 속의 일본어를 자세하게 읽고 그 의미를 파악해 간다. 영상에 나온 일본어의 의미 파악과 함께 일본과 관련된 내용을 학습하며 여기에서 나온 주요 표현을 별도로 익히는 식이다. 4클립까지 끝나면 마지막에는 4개의 클립 중에서 심도있게 학습할 필요가 있는 클립 중에 하나를 선택해 그 클립과 관련있는 지식을 습득하도록 '관련지식'란을 마련하였다.

　일본과 관련된 시사적인 내용을 습득함은 물론 그 일본어 표현까지 익히고자 하는 학습자들은 이 교재를 이용하면 그 목적을 달성할 수 있으리라 판단된다. 끝으로 이 교재가 출판되기까지 많은 배려와 노고를 아끼지 않으신 도서출판 제이앤씨의 윤석현 사장님께 이 자리를 빌어 감사의 말씀을 드린다.

2021년 8월
이문동 연구실에서
정 현 혁

차 례

제1과

일본의 정치

Clip >>>> 1

1 들어가기

학습내용

| 일본의회개설 130주년 기념식

| 관련된 단어와 표현

학습목표

| 일본의회개설 130주년 기념식모습을 이해할 수 있다.

| 관련된 단어와 표현을 익혀 활용할 수 있다.

2 영상보기

▶ メディアⅠ「議会開設130年式典ご出席　両陛下と真子さま」

문제 第1回議会の開院式が開かれた年はいつですか?

해답 明治23年(1890年)

3 단어학습

☐ **議会**	ぎかい	의회
☐ **式典**	しきてん	기념식
☐ **天皇**	てんのう	천황
☐ **皇后**	こうごう	황후

□	陛下	へいか	폐하
□	国会議事堂	こっかいぎじどう	국회의사당
□	開院式	かいいんしき	개원식
□	節目	ふしめ	단락, 구분
□	催す	もよおす	개최하다
□	感染拡大	かんせんかくだい	감염확대
□	言及する	げんきゅうする	언급하다
□	繁栄	はんえい	번영
□	責務	せきむ	책무
□	果たす	はたす	다하다
□	祝辞	しゅくじ	축사

4 해설강의

일본어

　天皇皇后両陛下と秋篠宮家の長女・眞子さまは、国会議事堂で開かれた議会開設130年の記念式典に出席されました。29日午前10時半すぎ、両陛下は、国会議事堂の中央玄関に到着されました。明治23年(1890年)に、第1回帝国議会の開院式が行われてから130年の節目の29日、参議院本会議場で記念式典が催されました。式典には、眞子さまも出席され、陛下はおことばの中で、新型コロナウイルスの感染拡大が続く状況に言及されました。

　天皇陛下「国内外の諸情勢に思いを致すとき、国会が、国権の最高機関として、国の繁栄と世界の平和のために果たすべき責務は、ますます重要になってきていると思います」また議場では、菅首相など三権の長も出席し、祝辞を述べました。

FNNフライムオンラインによる

천황부부와 아키시노미야가의 장녀 마코영애가 국회의사당에서 열린 의회개설 130주년 기념식전에 참석하셨습니다. 29일 오전10시 30분이 지나 천황부부는 국회의사당 중앙현관에 도착하셨습니다. 명치 23년(1890년)에 제1회 제국의회 개원식이 행해진지 130년을 맞이하는 시점인 29일, 참의원 본회의장에서 기념식전이 개최되었습니다. 기념식에는 마코영애도 참석하셨습니다. 폐하는 말씀 중에 코로나19의 감염확대가 계속되는 상황을 언급하셨습니다.

천황폐하: 국내외 모든 정세를 생각해 볼 때, 국회가 국권의 최고기관으로써 국가의 번영과 세계평화를 위해서 해야만 하는 책무는 점점 중요해져 가고 있다고 생각합니다.

또한 의사당 안에는 스가 수상 등 3부문의 장들도 참석해 축사를 했습니다.

5 표현학습

▌ 果たすべき〜 : 다해야만 하는

例 国の繁栄と世界の平和のために果たすべき責務は、ますます重要になってきているると思います。

국가의 번영과 세계평화를 위해서 해야만 하는 책무는 점점 중요해져 가고 있다고 생각합니다.

문제 다음 한국어에 알맞게 일본어로 작문해 보시오.

① 기업이 사회에 해야만 하는 역할은 무엇입니까?

▶ _____

答 企業が社会に果たすべき役割は何ですか。

② 이것은 관리직으로서 해야만 하는 일이다.

▶ _____

答 これは管理職として果たすべき仕事だ。

6 정리하기

▌ 일본의회개설 130주년 기념식
▌ 관련된 단어와 표현

Clip >>>> 2

1 들어가기

학습내용

▎ 일본의 지방공무원
▎ 관련된 단어와 표현

학습목표

▎ 일본의 지방공무원을 이해할 수 있다.
▎ 관련된 단어와 표현을 익혀 활용할 수 있다.

2 영상보기

▶ メディアⅡ 地方公務員(行政事務)(職業情報提供サイト(日本版O-NET)
　　　　　　職業紹介動画)

문제 地方公務員はどこに勤務しますか?
해답 都道府県や市区町村の地方自治体

3 단어학습

	地方	ちほう	지방
	行政	ぎょうせい	행정
	都道府県	とどうふけん	행정구역

☐	市町村	しちょうそん	시정촌 (한국의 시읍면과 비슷함)
☐	自治体	じちたい	자치단체
☐	施策	しさく	시책
☐	企画	きかく	기획
☐	立案	りつあん	입안
☐	編成	へんせい	편성
☐	業務	ぎょうむ	업무
☐	幅広く	はばひろく	폭넓게
☐	密着する	みっちゃくする	밀착하다
☐	戸籍	こせき	호적
☐	介護	かいご	개호
☐	振興	しんこう	진흥

4 해설강의

일본어

地方公務員(行政事務)(職業情報提供サイト(日本版O-NET)職業紹介動画)

　地方公務員は都道府県や市区町村の地方自治体に勤務し、自治体が行っている事業に関する行政施策の企画・立案予算の編成から実際の業務にかかわる事務処理を担当します。地方自治体は地域の人々が安心して豊かに暮らせるよう幅広く生活に密着した事業を行っています。

　市町村は基礎的な自治体として住民登録、戸籍関連の事務、地方税に係る事務、小中学校等の運営、医療・介護・福祉・年金の手続、道路や都市計画、保健、水道事業、ごみの収集・処理などを行っています。

　都道府県は広域にわたる事務や市町村に関する連絡調整などの役割があり、農地、道路、河川・海岸等の建設・整備、高等学校等の運営、農林

水産業・商工業等の産業振興などを行っています。

厚生労働省MHLWchannelによる

한국어 역

지방공무원(행정사무)

　지방공무원은 도도부현(일본의 행정구역)나 시구정촌(한국의 시구읍면)의 지방자치단체에 근무하며, 자치단체에서 행하고 있는 사업에 관한 행정시책의 기획·입안 예산의 편성부터 실제 업무에 관계되는 사무처리를 담당합니다. 지방자치단체는 지역 사람들이 안심하고 윤택하게 살 수 있도록 폭넓게 생활에 밀착한 사업을 하고 있습니다.

　시정촌(한국의 시읍면)에서는 기초적인 자치체로써 주민등록, 호적관련 사무, 지방세에 관한 사무, 초·중학교 등의 운영, 의료·개호·복지·연금 수속, 도로나 도시계획, 보건, 수도사업, 쓰레기 수집·처리 등을 하고 있습니다.

　도도부현(일본의 행정구역)에서는 넓은 지역에 걸친 사무나 시정촌(한국의 시군읍)에 관한 연락조정 등의 역할이 있고, 농지, 도로, 하천·해안 등의 건설·정비, 고등학교 등의 운영, 농림수산업·상공업 등의 산업진흥 등을 행하고 있습니다.

5　표현학습

~よう~ : ~(하)도록

例　地方自治体は地域の人々が安心して豊かに暮らせるよう幅広く生活に密着した事業を行っています。

지방자치단체는 지역 사람들이 안심하고 윤택하게 살 수 있도록 폭넓게 생활에 밀착한 사업을 하고 있습니다.

문제　다음 한국어에 알맞게 일본어로 작문해 보시오.

① 더욱 나쁜 사태가 되지 않도록 노력하겠습니다.

▶ _____

答　もっと悪い事態とならないよう努力します。

② 아동이 정보보호에 대해서 생각하는 기회가 되도록 개최하고 있다.

▶ _____

答　児童がセキュリティについて考える機会となるよう開催している。

6 정리하기

▎일본의 지방공무원
▎관련된 단어와 표현

Clip ⟫⟫ 3

1 들어가기

학습내용

❙ 일본의 선거제도

❙ 관련된 단어와 표현

학습목표

❙ 일본의 선거제도를 이해할 수 있다.

❙ 관련된 단어와 표현을 익혀 활용할 수 있다.

2 영상보기

▶ メディアⅢ 18歳選挙権

문제 アメリカは何歳から選挙権を持ちますか?

해답 18歳

3 단어학습

☐ 若者	わかもの	젊은이
☐ 取り上げる	とりあげる	받아 들이다. 채택하다
☐ 各国	かっこく	각국
☐ 選挙権	せんきょけん	선거권

☐	年齢	ねんれい	연령
☐	一覧	いちらん	일람
☐	引き下げる	ひきさげる	내리다. 철회하다
☐	投票	とうひょう	투표
☐	事前	じぜん	사전
☐	有権者	ゆうけんしゃ	유권자
☐	登録	とうろく	등록
☐	棄権	きけん	기권
☐	罰金	ばっきん	벌금
☐	義務制	ぎむせい	의무제
☐	取り組み	とりくみ	대처

4 해설강의

일본어

　今日のニュースワードはこちら、「若者の政治参加」を取り上げます。こちらには各国の選挙権の年齢を一覧でまとめてみました。18歳選挙権なんですが、世界191の国や地域のうち、およそ9割がもう18歳選挙権なんです。見てみますとアメリカ、イタリア、オーストラリアなど、ご覧の国々では18歳選挙、そしてオーストリアに至っては9年前に18歳から16歳に引き下げられました。

　選挙への関わり方も様々ですよね。

　そうなんです。アメリカの場合を見てみましょう。アメリカでは投票するためには事前の有権者登録が必要です。また、オーストラリアに関しては、投票を棄権した場合は罰金が科せられるなど、投票が義務制になっているんです。まあ、若い世代に投票への関心を持ってもらおうという取り組みは各国共通のようです。

FNNによる

오늘의 뉴스워드는 이쪽 「젊은이의 정치참가」를 다루겠습니다. 이 쪽에는 각 국의 선거권 연령을 일람할 수 있도록 정리해 보았습니다. 18세 선거권입니다만 세계 191개의 나라나 지역 중에 거의 9할이 이미 18세 선거권입니다. 보시면 아메리카, 이탈리아, 오스트레일리아 등 보시는 나라들에서는 18세 선거, 그리고 오스트리아에 이르러서는 9년전에 18세에서 16세로 내렸습니다.

선거에 관여하는 방법도 각각 다르지요.

그렇습니다. 아메리카의 경우를 봅시다. 아메리카에서는 투표하기 위해서는 사전에 유권자 등록이 필요합니다. 또 오스트레일리아에 있어서 투표를 기권했을 경우는 벌금이 주어지는 등, 투표가 의무제로 되어 있습니다. 아마도 젊은 세대에게 투표에 대해 관심을 갖게 하려고 하는 대처는 각 나라가 공통되는 것 같습니다.

5 표현학습

~に至っては : ~에 이르러서는(가장 심한 정도의 것을 가리킴)

例 オーストリアに至っては~

오스트리아에 이르러서는…

문제 다음 한국어에 알맞게 일본어로 작문해 보시오.

① 치바현에서는 38도까지 기온이 상승했다.

▶ _____

答 千葉県に至っては38度まで気温が上昇した。

② 해약까지 가서는 위약금이 발생한다.

▶ _____

答 解約に至っては違約金が発生する。

6 정리하기

▌일본의 선거제도

▌관련된 단어와 표현

Clip >>>> 4

1 들어가기

학습내용

▌ "탈 도장"에 의한 오해나 풍평피해

▌ 관련된 단어와 표현

학습목표

▌ "탈 도장"에 의한 오해나 풍평피해에 대해 이해할 수 있다.

▌ 관련된 단어와 표현을 익혀 활용할 수 있다.

2 영상보기

▶ メディアⅣ "脱ハンコ"で「誤解や風評被害」　日本一「ハンコの町」が官邸に

문제　映像の中で、ハンコの町でどういう風潮に危機感を積もらせていますか?

해답　ハンコそのものが悪いという風潮

3 단어학습

	風評被害	ふうひょうひがい	풍평피해
	官邸	かんてい	관저
	拙速	せっそく	졸속
	有数	ゆうすう	유수, 굴지

☐	駆け付ける	かけつける	급히 달려 오다
☐	押印	おういん	압인, 날인
☐	短絡的だ	たんらくてきだ	단편적이다
☐	大いなる	おおいなる	커다란, 심한
☐	被る	こうむる	(피해를) 입다
☐	風潮	ふうちょう	풍조
☐	積もらせる	つもらせる	쌓이게 하다
☐	尊い	とうとい	훌륭하다
☐	仕組み	しくみ	구조, 조직
☐	揺らぐ	ゆらぐ	흔들리다
☐	向き合う	むきあう	마주 대하다

4 해설강의

일본어

▌"脱ハンコ"で「誤解や風評被害」 日本一「ハンコの町」が官邸に

　拙速にハンコをなくしデジタル化を進めるということが、社会にどういう影響を与えるのか、10万人と言われる業界の皆さまの立場にも立つ必要があるのではないでしょうか。

　自民党本部で開かれたハンコ議連の総会。

　菅総理が行政手続きでのハンコの使用を原則廃止するよう指示していますが、議連はハンコ文化を守ることなどを目的としています。今日は国内有数のハンコの産地、山梨県の知事らも駆けつけ、風評被害を訴えました。

　「押印の省略をね、ハンコの廃止、こういう短絡的な言葉遣いを、ええ、されることによりまして、私ども産地にとりましては、ええ、大いなる迷惑を被っているところであります。」

　全国の生産量のおよそ半分を占め、日本一のハンコの町として知られる、山

梨県の市川三郷町六郷地区、新型コロナウイルスによりテレワークやデジタル化が進む中、町はハンコそのものが悪いという風潮に危機感を積もらせています。

「ハンコ文化を、なんとか、あの、尊い文化ですから、残していただけるような仕組みづくりについて、いろんなことをお願いしていきたいというふうに考えております。」

ハンコ議連は総理官邸を訪れ、「拙速かつ行きすぎた「脱ハンコ化」により押印に対する国民の信頼が大きく揺らいでいる」などという要請文を渡し、国民の十分な理解を得るよう求めました。押印を必要とする行政の無駄をなくす一方、「ハンコ文化」にはどう向き合うのか、模索は続きます。

Nスタによる

한국어 역

▎"탈 도장"에 의한 [오해나 풍평피해] – 일본 제일의 도장마을이 관저로–

졸속으로 도장을 없애고 디지털화를 진행한다고 하는 것이 사회에 어떠한 영향을 줄 것인지, 10만명으로 알려진 업계의 사람들 입장에도 설 필요가 있는 것은 아닐까요.

자민당 본부에서 열린 도장의련 총회

스가총리가 행정 수속에서 도장 사용을 원칙적으로 폐지하도록 지시하고 있습니다만 의련은 도장문화를 지키는 것을 목적으로 하고 있습니다. 오늘은 국내 유수의 도장산지, 야마나시현 지사 등도 달려와 풍평피해를 호소했습니다.

[날인 생략, 도장폐지, 이런 단편적인 말을, 하시는 것 때문에, 저희들 산지 입장에서는 커다란 피해를 입고 있는 상황입니다.]

전국 생산량의 거의 반을 차지하고, 일본 제일의 도장 마을로 알려진 야마나시현 이치카와 미사토쵸 록쿠고지구. 코로나19로 인해 텔레워크나 디지털화가 진행되는 가운데 마을은 도장 그 자체가 나쁘다고 하는 풍조에 위기감이 쌓여가고 있습니다.

"도장문화를 어떻게 하든지, 훌륭한 문화이니 남길 수 있도록 하는 구조 만들기에 대해서 여러가지 것을 부탁드리고 싶다고 생각하고 있습니다."

도장의련은 총리관저를 찾아 "졸속에 너무 지나친 [탈 도장화]에 의해 날인에 대한 국민의 신뢰가 크게 요동치고 있다"고 하는 등의 요청문을 전달하고, 국민의 충분한 이해를 얻을 수 있도록 요구했습니다. 날인을 필요로 하는 행정의 손실을 없애는 한편, "도장문화"에 어떻게 마주 대할지 계속 모색하고 있습니다.

> ■ ~が進む中：~가 진행되는 가운데
>
> 例 新型コロナウイルスによりテレワークやデジタル化が進む中、町はハンコそのもの
> が悪いという風潮に危機感を積もらせています。
>
> 코로나19로 인해 텔레워크나 디지털화가 진행되는 가운데 마을은 도장 그 자체가 나쁘다고
> 하는 풍조에 위기감이 쌓여가고 있습니다.

문제 다음 한국어에 알맞게 일본어로 작문해 보시오.

① 고령화가 진행되는 가운데 전통기술의 전승은 점점 어려워지고 있다.

▶ _____

答 高齢化が進む中、伝統技術の伝承はますます難しくなっている。

② 글로벌화가 진행되는 가운데 일본경제가 지속적으로 성장하는 방법을 찾아야만 한다.

▶ _____

答 グローバル化が進む中、日本経済が持続的に成長する方法をさがすべきだ。

6 정리하기

▌ "탈 도장"에 의한 오해나 풍평피해

▌ 관련된 단어와 표현

日本の国会

　国会は、1947年(昭和22年)5月3日に成立し、衆議院と参議院から構成されています。両議院とも、主権者である20歳以上の国民により直接選挙によって選ばれた国会議員(衆議院議員475人、参議院議員242人)により組織される、民選議院型の両院制です。衆議院は下院に相当し、任期は4年で、任期途中に解散することもあります。また参議院は、上院に相当し、任期は6年となっています。そして3年毎に議員の半分を選挙で選びなおします。

国会議事堂　　　　　　　　　　国会議事堂内部(衆議院)

▌事務局・法制局

　衆議院と参議院には、補佐組織として、事務局と法制局が置かれている。事務局は、本会議・各委員会の審議を補佐する部門のほか、庶務、記録、警備、施設管理など様々な部門を含み、各院の運営に必要な事務を執り行っています。また法制局は、国会議員による法律案作成を補佐しています。

▌本会議

　本会議は議員全員の会議であり、議院の意思はここで最終的に決定されます。本会議は公開が原則であって、本会議を開くには総議員の3分の1以上の出席が必要です。

議事は、特別の場合を除いて、出席議員の過半数の賛成により決まります。本会議の採決には、起立採決、記名投票などの方法があります。

▌委員会

　各議院(衆議院と参議院)の委員会には、国会法で定められている常設機関である常任委員会と、案件ごとに各議院が必要に応じて設けることができる特別委員会の2種類があります。議員は、少なくとも一つの常任委員になることになっています。

　※ 国会が設置される以前の帝国議会の時代、審議は本会議を中心に行われていました。しかし戦後に国会が設置されてからは、アメリカ連邦議会と同じように、審議は、委員会を中心に行われるようになりました。

▌常任委員会(22個)

- 内閣委員会
- 総務委員会
- 法務委員会
- 外務委員会(衆院のみ)
- 安全保障委員会(衆院のみ)
- 外交防衛委員会(参院のみ)
- 財務金融委員会(衆院のみ)
- 財政金融委員会(参院のみ)
- 文部科学委員会(衆院のみ)
- 文教科学委員会(参院のみ)
- 厚生労働委員会
- 農林水産委員会
- 経済産業委員会
- 国土交通委員会
- 環境委員会
- 国家基本政策委員会

- 予算委員会
- 決算行政監視委員会(衆院のみ)
- 決算委員会(参院のみ)
- 行政監視委員会(参院のみ)
- 議院運営委員会
- 懲罰委員会

제2과

일본의 경제

Clip ≫≫ 1

1 들어가기

학습내용

▮ 일본 춘투(春闘)의 모습
▮ 관련된 단어와 표현

학습목표

▮ 일본 춘투(春闘) 의 모습을 이해할 수 있다.
▮ 관련된 단어와 표현을 익혀 활용할 수 있다.

2 영상보기

▶ メディアⅠ「賃上げムード一転　コロナ禍の春闘　各社一律にも変化」

[문제] 今回の経団連の賃上げの考え方は？

[해답] 一律賃上げではなく、収益による賃上げ。

3 단어학습

□ 逆風	ぎゃくふう	역풍
□ 春闘	しゅんとう	춘투
□ 賃上げ	ちんあげ	임금인상
□ 賃金	ちんぎん	임금

☐	維持	いじ	유지
☐	横並び	よこならび	동등하게 취급함
☐	呼び掛け	よびかけ	호소
☐	収益	しゅうえき	수익
☐	基本給	きほんきゅう	기본급
☐	底上げ	そこあげ	최저수준을 끌어올림
☐	選択肢	せんたくし	선택지
☐	労働組合	ろうどうくみあい	노동조합
☐	上回る	うわまわる	상회하다
☐	下回る	したまわる	하회하다
☐	山場	やまば	고비, 절정

4　해설강의

일본어

▌賃上げムード一転　コロナ禍の春闘　各社一律にも変化

　業績悪化の逆風の中、事実上スタートした春闘で、経営側は、一律賃上げの難しさを示しました。

　新型コロナウイルスの影響で、初のオンライン開催となった経団連と連合の幹部が参加する労使フォーラム。賃金や労働条件をめぐる交渉、春闘が、きょう(26日)事実上スタートしました。経団連は、事業の継続と雇用の維持が最優先との考えを示し、これまでの各社横並びではない賃金決定を呼びかけました。

　久保田政一　事務総長(経団連中西会長の代読をする)「コロナ禍で業績がまだら模様の中、業種横並びや各社一律ではなく、自社の実情に合った賃金決定の重要性を呼び掛けています。」

　収益が大幅に悪化している企業については、基本給を底上げするベース

アップは困難とする一方、安定的に高い水準で推移している企業は、賃上げすることも選択肢とする方針を示しています。

　一方、連合の神津(こうづ)会長は、「日本の危機をどうやって、この、乗り越えていくかという時に、やっぱり、マクロ経済に及ぼす、その賃金、あるいは賃上げの影響というのは、ものすごく大きいわけです。2014年以来の賃上げの流れをですね、きちんと維持するのか、ということが、わたしは、このコロナの危機のもとにあっても、それを、どうやってモメンタム(勢い)を維持するのかということが、最大のテーマであるというふうに考えます。」

　あらためて、2%程度の賃上げの実現を要求しました。こうした中、トヨタ自動車労働組合は、賃上げの総額として、1人あたり月額9,200円を要求する方針を固めました。去年(2020年)の要求額より900円低いものの、妥結額を600円上回る水準です。一方、ホンダの労働組合は、今年度(2020年度)の業績が前年を下回る見通しのため、賃上げの要求を見送る方針です。春闘は、大手企業が回答を示す3月中旬に山場を迎えますが、2014年から続いてきた賃上げの流れは、コロナにより転換点を迎えています。

Live news αによる

한국어 역

┃임금상승 무드의 변화. 코로나 속에서의 춘투. 회사별 일률적인 임금상승에 변화가.

　실적악화의 역풍 속에서 사실상 스타트 한 춘투에서는, 경영자 측은 일률적 임금상승의 어려움을 표명했다. 코로나19의 영향으로 처음으로 온라인 형태로 개최된 경단련과 연합의 간부들이 참가하는 노사포럼.임금과 노동조건을 둘러 싼 교섭, 춘투가 오늘(26일) 사실상 스타트 했습니다. 경단련은 사업을 계속하고 고용유지가 최우선이라는 생각을 표명하고, 지금까지와 같이 각 회사 동등한 임금결정은 아니어야 한다고 주장했습니다.

　구보타마사카즈 사무총장(경단련 나카니시회장의 대독을 함) "코로나 속에서 업적이 드문드문한 상태 속에서 업종이나 각 회사가 일률적이지 않고, 자사의 실정에 맞는 임금결정의 중요성을 강조하고 있습니다."

　수익이 크게 악화된 기업에 대해서는 기본급을 근본적으로 올리는 베이스 업은 곤란하다고 하는 한편, 안정적으로 높은 수준의 추이를 보이는 기업은 임금을 올리는 것도 선택사항 중의 하나라고 하는 방침을 제시하고 있습니다.

　한편, 연합의 고즈회장은 "일본의 위기를 어떻게, 헤쳐나갈 것인가 할 때, 역시, 매크로 경제에 미치는 임금, 또는 임금 상승의 영향이라는 것은 무척이나 큽니다. 2014년이후 임금상승의 흐름을, 잘 유지할 것인가 하는 것이, 이 코로나 위기 속에서도, 어떻게 그 흐름을 유지할 것인가 하는 것이 최대의 테마라고 생각합니다."

새롭게 2%정도의 임금인상을 요구했습니다. 이러한 가운데 도요타자동차 노동조합은 임금인상 총액으로써 1인당 월9,200엔을 요구할 방침을 굳혔습니다. 작년(2020년) 요구액보다 900엔 낮으나 타결액을 600엔 상회하는 수준입니다. 한편 혼다 노동조합은 금년(2020년도) 실적이 전년보다 하회할 전망이어서 임금인상 요구를 다음으로 넘길 방침입니다. 춘투는 대기업이 회답을 하는 3월 중순에 고비를 맞이합니다만 2014년부터 계속되어 온 임금인상의 흐름은 코로나로 인해 전환점을 맞이하고 있습니다.

5 표현학습

■ 山場を迎える : 고비(전성기)를 맞이하다

例 春闘は、大手企業が回答を示す3月中旬に山場を迎えますが、2014年から続いてきた賃上げの流れは、コロナにより転換点を迎えています。

춘투는 대기업이 회답을 하는 3월 중순에 고비를 맞이합니다만 2014년부터 계속되어 온 임금인상의 흐름은 코로나로 인해 전환점을 맞이하고 있습니다.

문제 다음 한국어에 알맞게 일본어로 작문해 보시오.

① 12월 상순, 딸기 출하가 겨울의 전성기를 맞이한다.

▶ _____

答 12月上旬、いちご出荷が冬の山場を迎える。

② 전략은 올해 하나의 고비를 맞이하게 된다.

▶ _____

答 戦略は今年ひとつの山場を迎えることになる。

6 정리하기

▌일본 춘투(春闘)의 모습

▌관련된 단어와 표현

Clip >>>> 2

1 들어가기

학습내용

▌ 코로나19 속의 어려운 일본경제. 기업 오너가 말하는 해결방법
▌ 관련된 단어와 표현

학습목표

▌ 코로나19 속의 어려운 일본경제. 기업 오너가 말하는 해결방법을 이해할 수 있다.
▌ 관련된 단어와 표현을 익혀 활용할 수 있다.

2 영상보기

▶ メディアⅡ「「新型コロナ」で苦境の日本経済。企業トップが語る次の一手は?」

문제 新型コロナの苦境を乗り越えるために、片野坂真哉社長が強調する三つのものは?

해답 衛生・非接触・シンプル

3 단어학습

□	危機	きき	위기
□	戦略	せんりゃく	전략
□	航空	こうくう	항공
□	乱気流	らんきりゅう	난기류

□	御社	おんしゃ	귀사
□	一手	いって	한 수, 방법
□	衛生	えいせい	위생
□	非接触	ひせっしょく	비접촉
□	鏤める	ちりばめる	아로새기다
□	保安検査場	ほあんけんさじょう	보안검사장
□	省人化	しょうじんか	단위 경제활동 당 노동시간 감축
□	前提	ぜんてい	전제
□	伸ばす	のばす	늘리다
□	目指す	めざす	목표로 하다
□	取り組む	とりくむ	맞붙다, 몰두하다

4 해설강의

일본어

小川賢太郎社長(ゼンショーHD)：やはり危機というものはやってくるし、思ったよりも、あの、深い。

安永龍夫社長(三井物産)：経済を回しながらコロナをコントロールしていくか。

ナレーター：企業トップの語る新型コロナウイルスの影響。多くの企業が業績に影響をうける中、withコロナでの経営トップらの戦略は?

記者：航空業界にとっては業界全体が乱気流という状況だと思うんですけれども、御社の今年の一手、どのようなことを考えていますか?

片野坂真哉社長(ANAホールディングス)：衛生・非接触・シンプル、この言葉をちりばめているんですよ。お客様もですね、あの、スマホで空港に行って、そのまま、もう、保安検査場にとかですね。あの手荷物も今

はセルフですよね。こういったものを、かなり、お客様も望んでいるし、Iot
とかAiとかこういう技術を使って少し省人化も図れると…。

深澤祐二社長(JR東日本)：まあ、鉄道は、ああ、残念ながら(コロナ後
　　も)元には戻らない、という前提でいくとですね、まあ、やはり「生活サー
　　ビス」あるいは「IT・Suica」この分野を、より高く伸ばしていかなければい
　　けない。社内的には5対5を目指してですね。ええ、取り組もうということ
　　で話をしています。

日本テレビ News everyによる

한국어 역

오가와 켄타로 사장(젠쇼AD): 역시 위기라는 것은 오는 것인데, 생각보다도 큽니다.

야스나가 타츠오 사장(미츠이물산): 경제를 돌아가게 하면서 코로나를 컨트롤해 갈 것인가.

나레이터: 기업오너가 말하는 코로나19의 영향. 많은 기업이 실적에 영향을 받는 가운데, WITH 코로나와 관련된 경영 오너들의 전략은?

기자: 항공업계에 있어서는 업계 전체가 난기류라고 하는 상황이라고 생각합니다만 오너 회사의 올해의 한 수. 어떠한 것을 생각하고 있습니까?

가타노자카 신야 사장(ANA홀딩스): 위생, 비접촉, 심플. 이러한 단어들에 집약되어 있지요. 손님도 스마트폰으로 공항에 가서 그대로 보안검사장으로, 수하물도 지금은 셀프죠. 이러한 것을 손님도 꽤 바라고 있고, Iot라든지 AI라든지 하는 기술을 사용해서 조금은 인력절감도 꾀한다든지 ….

후카사와 유지 사장(JR동일본): 철도는 말잊요, 안타깝지만(코로나 후도) 본래대로 돌아갈 수 없다고 하는 전제하에서 역시 "생활서비스" 또는 "IT·suica", 이 분야를 보다 높게 향상시켜 가지 않으면 안됩니다. 사내에서는 5대 5를 지향하는 것으로 몰두하려고 하는 것으로 이야기를 하고 있습니다.

5 　표현학습

(動詞)＋中 : ～하는 가운데

　例 　多くの企業が業績に影響をうける中、withコロナでの経営トップらの戦略は？
　　　많은 기업이 실적에 영향을 받는 가운데, WITH 코로나와 관련된 경영 오너들의 전략은?

문제 **다음 한국어에 알맞게 일본어로 작문해 보시오.**

① 관계자가 기다리는 가운데 오전9시 특설코너가 개점했다.

▶ _____

答 関係者が待ち受ける中、午前9時特設コーナーが開店した。

② 코로나의 영향을 받는 가운데 감염방지대책의 가이드라인이 정해졌다.

▶ _____

答 コロナの影響をうける中、感染防止対策のガイドラインが定められた。

6 정리하기

▌ 코로나19 속의 어려운 일본경제. 기업 오너가 말하는 해결방법

▌ 관련된 단어와 표현

Clip ⟩⟩⟩⟩ 3

1 들어가기

학습내용

▎ 일본의 화폐
▎ 관련된 단어와 표현

학습목표

▎ 일본의 화폐에 관한 내용을 이해할 수 있다.
▎ 관련된 단어와 표현을 익혀 활용할 수 있다.

2 영상보기

▶ メディアⅢ 「日本の貨幣制度」

문제 一万円札の需要が増えていることについて金融関係者の間では、その理由がどこにあると言っていますか?

해답 低金利が続いていることから現金を金融機関に預けるのではなく自宅で保管する「タンス預金」をする人が増えているからだと言っています。

3 단어학습

	財務省	ざいむしょう	재무성
	貨幣	かへい	화폐

□	流通量	りゅうつうりょう	유통량
□	踏まえる	ふまえる	근거로 하다
□	製造	せいぞう	제조
□	増やす	ふやす	늘리다
□	需要	じゅよう	수요
□	低金利	ていきんり	저금리
□	タンス預金	たんすよきん	장롱 예금
□	本年度	ほんねんど	이번 연도
□	預ける	あずける	맡기다
□	普及	ふきゅう	보급
□	小額	しょうがく	소액, 단위로써 액면이 작은 돈
□	減らす	へらす	줄이다
□	日銀	にちぎん	일본은행의 줄임말

4 해설강의

일본어

　財務省は貨幣の流通量を踏まえて、毎年この時期にその年度の貨幣の製造計画をまとめています。本年度1万円札を12億3000千万枚製造し、昨年度と比べて1億8000千万枚増やすということです。財務省によりますと一万円札の製造を増やすのは八年ぶりです。一万円札の需要が増えていることについて金融関係者の間では低金利が続いていることから現金を金融機関に預けるのではなく、自宅で保管する「タンス預金」をする人が増えていることなどが背景にあるという見方が出ています。

　一方、電子マネーの普及をうけて小額の貨幣の使用が少なくなっていることなどから一円玉の製造を昨年度よりも5200万枚あまり減らすほか、十円玉の製造も1000万枚減らします。

金融関係者は日銀が導入したマイナス金利によって、さらに「タンス預金」が増える可能性もあり、今後も一万円札の需要は増えるのではないかと話しています。

FNN Newsによる

한국어 역

　재무성은 화폐의 유통량을 고려하여 매년 이 시기에 그 해의 화폐 제조계획을 결정짓고 있습니다. 이번 연도는 만엔 권을 12억 3천만장 제조하여 작년에 비해 1억 8천만장 늘린다고 합니다. 재무성에 의하면 만엔권 제조를 늘리는 것은 8년만입니다. 만엔권의 수요가 늘어난 것에 대해서 금융관계자 사이에서는 저금리가 계속되고 있어서 현금을 금융기관에 맡기는 것이 아니라 자택에서 보관하는 [장농예금(단스예금)]을 하는 사람이 늘고 있는 등의 배경이 있다고 하는 견해도 나오고 있습니다.

　한편 전자화폐 보급으로 소액의 화폐사용이 적어진 것 때문에 1엔짜리 동전 제조를 작년보다도 5200만개 정도 줄이는 것 외에, 10엔짜리 동전 제조도 1000만개 줄이기로 했습니다.

　금융관계자는 일본은행이 도입한 마이너스 금리에 따라 더욱더 [장농예금(단스예금)]이 늘어날 가능성도 있고 해서, 앞으로도 만엔권의 수요가 늘어나는 것은 아닌가 하고 언급하고 있습니다.

---

5 표현학습

■ ~によりますと : ~에 의하면

例 財務省によりますと一万円札の製造を増やすのは八年ぶりです。

재무성에 의하면 만엔권 제조를 늘리는 것은 8년만입니다.

問題 다음 한국어에 알맞게 일본어로 작문해 보시오.

① 보도에 따르면 그 사고는 오전 10시에 일어났다고 합니다.

▶ _____

答 報道によりますとその事故は午前10時に起きたそうです。

② 기상청에 따르면 내일은 비라고 합니다.

▶ _____

答 気象庁によりますと明日は雨だそうです。

6 **정리하기**

▌ 일본의 화폐
▌ 관련된 단어와 표현

Clip >>>> 4

1 들어가기

학습내용

▌ 일본인의 과로사
▌ 관련된 단어와 표현

학습목표

▌ 일본인의 과로사에 관한 내용을 이해할 수 있다.
▌ 관련된 단어와 표현을 익혀 활용할 수 있다.

2 영상보기

▶ メディアⅣ「増える若年過労死」

문제 最近の過労死は、どの年齢まで広がっていますか?

해답 二十代、三十代にまで広がっています。

3 단어학습

☐	**過労死**	かろうし	과로사
☐	**管理職**	かんりしょく	관리직
☐	**目立つ**	めだつ	두드러지다
☐	**広がる**	ひろがる	넓어지다, 퍼지다

☐	厚生労働省	こうせいろうどうしょう	후생노동성
☐	追い込まれる	おいこまれる	내몰리다
☐	急性心不全	きゅうせいしんふぜん	급성심부전
☐	店舗	てんぽ	점포
☐	飲食	いんしょく	음식
☐	大企業	だいきぎょう	대기업
☐	正社員	せいしゃいん	정사원
☐	調理場	ちょうりば	조리하는 곳
☐	配属	はいぞく	배속
☐	残業	ざんぎょう	잔업
☐	及ぶ	およぶ	미치다

4 해설강의

일본어

　過労死といえば、以前は四十代、五十代の管理職に負担が集中して倒れるというケースが目立ちました。ところが、最近は、二十代、三十代にも広がり、認定される人の四人に一人にのぼっていることが厚生労働省のまとめで分かりました。

　なぜ若い人たちが過労死に追い込まれているのでしょうか。

　京都市に住む吹上了(ふきあげさとる)さん。おととし息子を過労死で亡くしました。長男の元康(もとやす)さんは、急性心不全でなくなりました。就職してわずか四ヶ月。二十四歳でした。

　「うむ、はっきり言って、わしも一緒に死のうかなっていう感じがしましたよ。はい。非常に、まあ、あの、気持ちのやさしい子でね」

　元康さんが就職したのは、全国に九百個の店舗をもつ大手飲食チェーンです。大企業の正社員になれたことを喜んでいたと言います。

調理場に配属となった元康さん。二週間近く休みが取れない時もあり、残業時間は、月平均98時間にも及んでいました。

NewsWatchによる

한국어 역

과로사라고 하면 전에는 40대, 50대의 관리직에 부담이 집중되어서 쓰러진다고 하는 케이스가 두드러졌습니다. 하지만 최근에는 20대, 30대에도 퍼져, 인정되어지는 사람의 4명의 한 명에 이르고 있는 것이 후생노동성의 정리로 알게 되었습니다.

왜 젊은 사람들이 과로사로 내몰리고 있는 것일까요.

쿄토시에 사는 후키아게 사토루씨. 재작년 아들을 과로사로 잃었습니다. 장남 모토야스씨는, 급성신부전으로 죽게 되었습니다. 취직한 지 겨우 4개월. 23세였습니다.

"음, 확실히 말해서 저도 함께 죽어야지 하는 느낌이 들었습니다. 예, 정말, 마음씨 착한 애였어요."
모토야스씨가 취직한 것은 전국에 900개의 점포를 가진 대기업 음식체인입니다. 대기업의 정사원이 된 것을 기뻐하고 있었다고 합니다.

조리실에 배속된 모토야스씨. 2주간 가까이 쉴 수 없을 때도 있고, 잔업시간은 월 평균 98시간에까지 달해 있었습니다.

---

5 표현학습

∎ ~といえば : ~(라고)하면

例 過労死といえば、以前は四十代、五十代の管理職に負担が集中して倒れるというケースが目立ちました。

과로사라고 하면 전에는 40대, 50대의 관리직에 부담이 집중되어서 쓰러진다고 하는 케이스가 두드러졌습니다.

문제 다음 한국어에 알맞게 일본어로 작문해 보시오.

① 히로시마 하면 옛날부터 오코노미야키가 유명하다.

▶ _____

答 広島といえば昔からお好み焼きが有名だ。

② 온천하면 벳부죠.

▶ _____

答 温泉といえば別府ですね。

6 정리하기

▌ 일본인의 과로사

▌ 관련된 단어와 표현

ベースアップ(base up)

　ベースアップとは、給与の基本給部分(ベース)に対しての昇給額、または率である。和製英語(base up)であって、実務家の間ではベアと略されることが多い。職務給が採用されている欧米には存在しない概念である。

　賃金の上昇額や率を計測する概念には、他に定期昇給(定昇と略すことが多い)があるが、賃金交渉の実務上は、ベースアップと定期昇給は区別される。このうち、ベースアップ額はすべての労働者の名目賃金を底上げするものであり、インフレなどの貨幣的な要因の他、資本装備率の向上などによる企業全体の生産性向上を反映したものである。一方、定期昇給額は特定年齢層の従業員が1年勤続を積み増すことで得られる賃金の伸びに対応するものだから、その年齢層の教育訓練がもたらした労働生産性向上部分に相当する。労働組合と企業との間での賃金交渉においては、企業収益の増加部分に対する労働生産性の貢献度合いをめぐって、ベースアップの有無およびその度合いが交渉のポイントとなることが多い。

　ベースアップの一つの機能は、企業収益の増加に対する労働生産性向上部分の評価といえる。具体的には、企業収益の向上に対して、労働生産性の向上が貢献しているほど、名目賃金をそれに応じてより厚く底上げすることが正当化される。逆に、企業収益の向上に労働生産性の向上が全く貢献していないのならば、ベースアップがゼロであっても仕方がないことになる。

　ベースアップにあるもう一つの機能は、インフレ率に応じて名目賃金を調整するという働きである。たとえば、インフレ率が3%であり、名目の売上額が3%増加している状況で、名目賃金が従来通りならば、実質賃金は3%目減りしてしまう。このとき、名目賃金を3%上昇させてはじめて、実質的な労働条件は以前と等しくなるのだから、従前同様の人材を確保するためには、いずれ名目賃金の底上げが必要となってくる。

このようなインフレーションに対応した賃金調整は、近年のデフレ下ではほとんど無意味になったものの、高度成長期には実質賃金を調整する有力な手段でもあった。なお、名目賃金をインフレ率に連動させるような賃金調整は、経済学の理論上も望ましいこととされており、欧米でもインデクセーション（indexation）、いわゆる物価スライド制として、一定の範囲で用いられている。

　日本のベースアップは、労働生産性の向上部分の労働者全体に対する還元という本来の意味づけの他、欧米で知られているインデクセーションの機能を取り込んだものと解釈できる。実際、適度なインフレが持続した高度成長期や、高インフレ率に悩まされたオイルショックの時期には、インフレ率にあわせて相当のベースアップが確保されてきたといえる。

　しかしながら、1990年代以降のバブル崩壊による長期不況で過剰雇用が露呈し、労働生産性の伸び自体がほとんど期待できなくなったこと、また、おもに中国などからの輸入品によって日本の労働費用が高すぎることが意識されたことなどによって、一律の賃上げの根拠は乏しくなり、ベースアップは期待できなくなった。また、この時期を通じてデフレが続いたことも、インフレに対応するというベースアップの意味合いを消失させたといえる。

「日本 Wikipedia」による

제3과

일본의 사회

Clip >>>> 1

1 들어가기

학습내용

▌ 일본의 不登校 문제
▌ 관련된 단어와 표현

학습목표

▌ 일본의 不登校 문제를 이해할 수 있다.
▌ 관련된 단어와 표현을 익혀 활용할 수 있다.

2 영상보기

▶ メディアⅠ「不登校乗り越え」

問題 第一高等学院は、本来どのようなものとして発足したものですか？

解答 1985年に高卒認定試験の前身である大検の予備校として発足したものです。

3 단어학습

□	高卒認定	こうそつにんてい	고등학교 졸업인증
□	目指す	めざす	목표로 하다
□	入学式	にゅうがくしき	입학식
□	前身	ぜんしん	전신

□	**大検**	だいけん	대학입학 자격 검정
□	**予備校**	よびこう	입시학원
□	**発足**	ほっそく	발족
□	**校長**	こうちょう	교장
□	**充実**	じゅうじつ	충실
□	**消防庁**	しょうぼうちょう	소방청
□	**阪神淡路大震災**	はんしんあわじだいしんさい	한신·아와지 대지진
□	**出動**	しゅつどう	출동
□	**救助**	きゅうじょ	구조
□	**憧れる**	あこがれる	동경하다
□	**単位**	たんい	학점

4 해설강의

일본어

　いじめや家庭の問題など、さまざまな事情で学校へ行けなくなった生徒が、高卒認定のための試験をめざす学校で、今日入学式が行われました。第一高等学院立川校に入学したのは、男子11人、女子15人の26人です。この学校は1985年に高卒認定試験の前身である大検の予備校として発足したものです。

　入学式で、校長は、夢や目標を持ち続けることが大切などと生徒に語りました。

「二度と戻ることができない三年間です。この三年間で思いっきり笑って、時には思いっきり泣いて、充実した三年間にしてください。」

「先生がすごくやさしかったので、ここなら頑張れるかな。将来はデザイナーになりたいです。自分でデザインをして、作って、他の人が、着てくれたらいいなと思ったからです」

「ええ、東京消防庁に入って、ハイパーレスキューになりたいです。阪神淡路大震災であった地震とかで出動して、人を救助するとこにあこがれました。」

入学した生徒は、通学のほか、自宅での学習などで単位を取得し、三年間での卒業をめざします。

TOKYO MX NEWSによる

한국어 역

이지메나 가정문제 등 갖가지 사정으로 학교에 갈 수 없게 된 학생이 고졸인정을 위한 시험을 목표로 하는 학교에서 오늘 입학식이 거행되었습니다. 제일고등학원 다치카와 학교에 입학한 학생은 남자 11명, 여자 15명으로 26명입니다. 이 학교는 1985년에 고졸인정시험의 전신인 대학검정을 위한 예비학교로서 발족된 것입니다.

입학식에서 교장은 꿈과 목표를 계속해서 가지는 것이 중요하다고 학생들에게 이야기했습니다. [두 번 다시 돌아올 수 없는 3년간입니다. 이 3년간 마음껏 웃고 때로는 마음껏 울어 충실한 3년간을 만들어 주십시오.]

[선생님이 무척 상냥해서 여기라면 열심히 할 수 있겠구나. 장래에는 디자이너가 되고 싶어요. 자신이 디자인하고 만들어, 다른 사람이 입어주면 좋겠다 하고 생각했기 때문입니다.]

[음, 동경 소방청에 들어가 구조대원이 되고 싶습니다. 한신 아와지 대지진재해였던 지진(현장)에 출동해서 사람을 구조하는 것에 반했습니다.]

입학한 학생은 통학 외에 자택에서의 학습 등으로 단위를 취득하고 3년간의 졸업을 목표로 할 것입니다.

---

5 표현학습

■ 二度と戻ることができない〜 : 두 번 다시 돌아올 수 없는 〜

例 二度と戻ることができない三年間です。

두 번 다시 돌아올 수 없는 3년간입니다.

문제 다음 한국어에 알맞게 일본어로 작문해 보시오.

① 지금이 두 번 다시 돌아올 수 없는 중요한 시기다.

▶ _____

答 今が二度と戻ることができない大切な時期だ。

② 그는 두 번 다시 돌아올 수 없는 편도 표를 샀다.

 _____

[答] 彼は、二度と戻ることができない片道切符を買った。

6 정리하기

▌ 일본의 不登校 문제
▌ 관련된 단어와 표현

Clip >>>> 2

1 들어가기

학습내용

▌ 일본의 연금제도
▌ 관련된 단어와 표현

학습목표

▌ 일본의 연금제도를 이해할 수 있다.
▌ 관련된 단어와 표현을 익혀 활용할 수 있다.

2 영상보기

▶ メディアⅡ「中居正広のザ・大年表! 第二弾 年金」

[문제] 厚生年金とは何ですか?
[해답] 会社勤めの人が加入する年金

3 단어학습

☐	国民年金	こくみんねんきん	국민연금
☐	自営業	じえいぎょう	자영업
☐	専業主婦	せんぎょうしゅふ	전업주부
☐	厚生年金	こうせいねんきん	후생연금

□	加入する	かにゅうする	가입하다
□	納める	おさめる	납부하다
□	年収	ねんしゅう	연수입
□	共済年金	きょうさいねんきん	공제연금
□	負担する	ふたんする	부담하다
□	初耳	はつみみ	금시초문
□	以外	いがい	의외
□	絶対	ぜったい	절대
□	埋める	うめる	메우다
□	付加年金	ふかねんきん	부가연금
□	支給される	しきゅうされる	지급되다

4 해설강의

일본어

　そもそも、年金は三種類。まずは国民年金。これは自営業の人や専業主婦などが加入する年金で、納める金額は、毎月1万5100円です。

　つぎは厚生年金。これは会社勤めの人が加入する年金で、納める金額は年収400万円の人で毎月2万6500円、さらに会社が同じ額を納めてくれているんです。

　最後は共済年金。これは公務員の人が入る年金で、毎月3万7500円、こちらもおなじ額を負担してくれているんです。

「出ました。年金を人より多くもらう方法がある」

「初耳!」

「ここは、みなさん、是非とも、ええ、知ってもらいたいなと思います。まずは、こんだけの差があるということは、自営業、ごめんなさい、自営業の人は、毎月1万5000円にプラス、いくらいくらプラスすると、ちょっと多くもらえます

よっていう方法があります。これは、みなさん、意外と知らないんですよ。73%の方、知りません」

「なに、これ!」

「いくらプラスするといっぱいもらえるのか。これは、たったです。たったの400円のプラスだけでもらえる年金79万円、年間79万円がプラス4万8000円」「絶対得じゃん」「絶対得なんです。知らないんです。これを付加年金と言います。厚生年金や共済年金の方々のもらえる金額の差を埋めるためにできた制度でございます」

　付加年金とは、たとえば、38歳になった中居君の場合、毎月400円を欠かさず60歳になるまで納めていくと、すると65歳になり、年金がもらえる年になると毎月4400円がプラスされて支給されます。あとはずっと毎月4400円プラスされるんです。

「中居正広のザ・大年表！　第二弾　年金」による

　대저 연금은 세종류.

　우선은 국민연금. 이것은 자영업하는 사람이나 전업주부 등이 가입하는 연금으로 납입하는 금액은 매달 15100엔입니다.

　다음은 후생연금. 이것은 회사에 다니는 사람이 가입하는 연금으로 납입하는 금액은 연수입 400만엔인 사람이 26500엔, 게다가 회사가 같은 액수를 납입해 주고 있는 겁니다.

　마지막으로 공제연금. 이것은 공무원인 사람이 드는 연금으로 매달 37500엔, 이것도 같은 금액을 부담해 주고 있는 겁니다.

　[연금을 남보다 많이 받는 방법이 있습니다.]

　[처음 듣는데!]

　[이건, 여러분! 반드시 알아 두었으면 하고 생각합니다. 우선은 이 만큼의 차가 있다고 하는 것은, 자영업, 자영업하는 사람이 매달 15000엔에 플러스, 얼마 얼마 플러스하면 조금 더 많이 받을 수 있어요 하는 방법이 있습니다. 이것은, 여러분, 의외로 모릅니다. 73%의 사람이 모른다고 했습니다.]

　[그게 대체 뭐야?]

　[얼마 플러스하면 많이 받을 수 있는가? 이것은 겨우, 겨우 400엔 플러스하는 것만으로 연금 79만엔, 연간 79만원이, 플러스 48000엔.] [완전히 득 보는 거잖아.] [완전히 이득 보는 겁니다. (사람들은) 모릅니다. 이것을 부가연금이라고 합니다. 후생연금이나 공제연금을 드는 사람들이 받을수 있는 금액의 차를 메우기 위하여 생겨난 제도입니다.]

　부가연금이라는 것은, 예를 들면 38세가 된 나카이군의 경우, 매달 400엔을 거르지 않고 60세가

될 때까지 납입해 가면 65세가 되고, 연금을 받을 수 있는 나이가 되면 매달 4400엔이 플러스되어
지급되어 집니다. 다음은 계속 매달 4400엔 플러스 되는 것입니다.

5 표현학습

■ そもそも : 대저, 애초부터

[例] そもそも、年金は三種類。

대저 연금은 3종류.

[문제] 다음 한국어에 알맞게 일본어로 작문해 보시오.

① 대저 투자신탁이라는 것은 …

▶ _____

[答] そもそも投資信託とは …

② 대저 원자력발전은 정말로 경제적인지를 생각해 보지 않으면 안 된다.

▶ _____

[答] そもそも原子力発電は本当に経済的なのかを考えてみなければならない。

6 정리하기

▍ 일본의 연금제도
▍ 관련된 단어와 표현

Clip >>>> 3

1 들어가기

학습내용

▮ 일본의 고령화 사회
▮ 관련된 단어와 표현

학습목표

▮「認知症」를 통해 일본의 고령화 사회의 문제점을 이해한다.
▮ 관련된 단어와 표현을 익혀 활용할 수 있다.

2 영상보기

▶ メディアⅢ「認知症」

문제 荒川さんが、はじめて介護の経験をしたのは、何年前ですか?

해답 22年前

3 단어학습

□	**介護**	かいご	개호. (자택에서 요양하는 환자의)간호
□	**孤立する**	こりつする	고립하다
□	**支援**	しえん	지원

☐	共有する	きょうゆうする	공유하다
☐	支え合う	ささえあう	서로 의지하다
☐	悩み	なやみ	괴로움, 고민
☐	体験事例集	たいけんじれいしゅう	체험사례집
☐	女房	にょうぼう	아내
☐	綴る	つづる	문장, 시가를 짓다. 철하다
☐	難病	なんびょう	난치병
☐	沽券	こけん	체면, 면목
☐	弱み	よわみ	약한 면, 약한 부분
☐	乱暴	らんぼう	난폭
☐	脳内出血	のうないしゅっけつ	뇌내출혈
☐	戸惑う	とまどう	어리둥절하다. 당황하다

4 해설강의

일본어

「じゃ、つづいては自宅で妻や親を介護する男性についてです。先月一般的に孤立しやすいといわれている男性の介護者たちの全国ネットワークが発足して、その支援に関心が高まっています。」

「ええ、東京荒川区では荒川区男性介護者の会が10年以上前から活動しています。悩みを共有しながら支えあう介護の現場を取材しました」

荒川区男性介護者の会がまとめた体験事例集です。

「まさか自分が女房の世話をするなんて思ってもいなかった」

「いらいらしてついつい手が出てしまった」

これまであまり人に言えなかった男性介護者たちの悩みが綴られています。

会長の荒川不二夫(あらかわふじお)さん、81歳です。

「おーい、おーい、みつひろ！ ご飯できた。すこし食べてみな」

去年11月に脳の病気でたおれた息子の光広さんを、自宅で介護しています。難病で言葉と体が自由になりません。いまは二人暮らし。光広さんの介護は、80歳をこえた荒川さん一人で行っています。

　「人に言えないぐらい大変なんです。悩みは。だけど、そんなことというと、あんまり、ああ、男のこけんにかかわるからなるべく弱みは見せないようにしたつもりだけど、だんだんこたえた。」

　光広さんは週に一度のデイサービス以外、ずっとこのベッドで過ごさなければなりません。

　「そんなに入れたらだめになっちゃうのよ」

　「口がきけるようになったんでね、だんだん乱暴になっちゃっていうか」「また、それだしちゃって、困るなあ」「よお! たのむよ! それを」

　荒川さん、はじめて介護の経験をしたのは22年前。妻の久子さんが脳内出血で倒れたことがきっかけでした。久子さんは一人では歩けなくなり、生活全般の世話が必要になりました。荒川さんにとってはじめての介護は戸惑うことばかりでした。

MXテレビによる

한국어 역

「그럼 다음은 자택에서 아내나 부모를 간병하는 남성에 대해서입니다. 전 달 일반적으로 고립되기 쉽다고 하는 남성 간병자들의 전국 네트워크가 발족되어 그 지원에 관심이 높아가고 있습니다」

「도쿄 아라카와구 남성간병자회가 10년이상 전부터 활동하고 있습니다. 고민을 공유하면서 서로 지탱해 가는 간병의 현장을 취재했습니다」

아라카와구 남성간병자회가 정리한 체험사례집입니다.

「설마 자신이 부인의 뒷 치닥거리를 할 줄은 생각조차 하지 않았다」「화가 나서 나도 모르게 손지검을 해 버렸다」

지금까지 별로 남에게 말하지 못했던 남성 간병자들의 고민이 쓰여져 있습니다. 회장인 아라카와 후지오씨, 81세입니다.

「아, 미츠히로! 밥 됐다. 조금 먹어 봐라」

작년 11월에 뇌관련 병으로 쓰러진 아들 미츠히로 씨를 자택에서 간병하고 있습니다. 낫기 힘든 병으로 말과 몸이 자유롭지 않습니다. 지금은 두 만의 생활. 미츠히로 씨의 간병은 80을 넘은 아라카와씨 혼자서 하고 있습니다.

「남에게 말할 수 없을 정도로 힘듭니다. 고민은, 이런 거 말하면, 남자의 체면에 관계되기 때문에 가능한한 약한 부분은 보이지 않을 작정으로 하고 있습니다만, 점점 힘들어졌다」

미츠히로씨는 주에 한 번 낮 서비스 이외에 계속 이 베드에서 지내지 않으면 안됩니다.

「그렇게 넣으면 엉망이 돼 버려요」

「말을 할 수 있게 되어서 말이에요. 점점 난폭하게 되었다고 할까요」

「또 그런 거 내서 말이야. 미치겠네!」

「어이! 제발 좀 부탁한다. 그건 (만지지 마라)」

아라카와 씨, 처음 간병의 경험을 한 것은 22년전. 아내 히사코 씨가 뇌출혈로 쓰러진 것이 계기였습니다. 히사코 씨는 혼자서는 걸을 수 없게 되어, 생활전반의 뒷치닥 꺼리가 필요하게 되었습니다. 아라카와 씨에게 있어서 첫 간병은 당황스러운 것 뿐이었습니다.

5 표현학습

こけんにかかわる : 체면에 관계되다. (「沽券(こけん)」은 본래 부동산 매도 증서임)

例 男のこけんにかかわるからなるべく弱みは見せないようにした。
남자의 체면에 관계되기 때문에 약한 면은 보이지 않도록 했다.

문제 다음 한국어에 알맞게 일본어로 작문해 보시오.

① 우리 팀에 있어서 남은 두 시합은 체면에 관계된 것이다.

▶ _____

答 うちのチームにとって残りの二試合はこけんにかかわるものだ。

② 경찰수첩을 빼앗기는 것은 경찰의 체면에 관계된 사태다.

▶ _____

答 警察手帳をうばわれることは警察のこけんにかかわる事態だ。

6 정리하기

▌일본의 고령화 사회
▌관련된 단어와 표현

Clip >>>> 4

1 들어가기

학습내용

▌ 일본의 지역살리기
▌ 관련된 단어와 표현

학습목표

▌ 일본의 지역살리기와 관련된 내용을 이해할 수 있다.
▌ 관련된 단어와 표현을 익혀 활용할 수 있다.

2 영상보기

⏵ メディアⅣ「青梅市の町おこし」

［문제］ 青梅市で新たな町おこしプロジェクトとしてはじめたものは?

［해답］ 活用したい人が市内の空き店舗をめぐるユニークなツアー

3 단어학습

☐	**取り組む**	とりくむ	씨름하다, 몰두하다
☐	**周辺**	しゅうへん	주변
☐	**増える**	ふえる	늘어나다
☐	**市内**	しない	시내

☐	空き店舗	あきてんぽ	빈 점포
☐	訪れる	おとずれる	방문하다
☐	通称	つうしょう	통칭
☐	直近	ちょっきん	현 시점에서 가장 가까운 시기
☐	算盤教室	そろばんきょうしつ	주산학원
☐	絵画教室	かいがきょうしつ	회화학원
☐	物件	ぶっけん	물건 (집, 건물 등)
☐	空き家	あきや	빈 집
☐	開業する	かいぎょうする	개업하다
☐	図面	ずめん	도면
☐	展示する	てんじする	전시하다

4 해설강의

일본어

　昭和時代のレトロな街づくりに取り組むJR青梅駅周辺で、新たな町おこしプロジェクトが始まっています。目をつけたのは増える空き店舗です。活用したい人が、市内の空き店舗をめぐるユニークなツアーが行われています。

　この日、市内の空き店舗をめぐるツアーの参加者が訪れたのは青梅駅前にある通称「路地ビル」です。

　「こちらの事務所スペースは約106平米と、まあ、とても広いスペースがありまして、直近では、あの、そろばん教室でしたり、あの、絵画教室などとして使っています。」

　40年前に駅前に建てられたビルの2階は大手保険会社の事務所や塾として使われてきましたが、一年ほど前から空き物件になっています。見学ツアーは青梅市内で増えている、空き家や空き店舗を活用し、この地域で新たに開業する人を応援しようと、先月から始まりました。青梅駅前には、空き店舗を

紹介するギャラリー「アキテンポ不動産」がオープンし、物件の情報や図面を
展示しています。

TOKYO MX NEWSによる

한국어 역

　쇼와시대의 복고풍 마을조성에 씨름하는 JR오메(青梅)역 주변에서 새로운 지역 살리기 프로젝트가 시작되었습니다. 주목한 것은 늘어나는 빈 점포입니다. 활용하고 싶은 사람이 시내의 빈 점포를 도는 유니크한 투어가 행해지고 있습니다.

　이 날 시내의 빈 점포를 도는 투어의 참가자가 찾아온 곳은 오메역 앞에 있는 통칭[골목길 빌딩]입니다.

　「이 사무소 스페이스는 약 106 평방미터로, 꽤 넓은 스페이스를 가지고 있어서 바로 전까지는 주산학원이라든지 회화학원 등으로 사용하고 있습니다.」

　40년 전에 역 앞에 세워진 빌딩의 2층은 큰 보험회사 사무소나 학원으로써 사용되어져 왔습니다만 1년정도 전부터 빈 집이 되었습니다. 견학투어는 오메시내에서 늘고 있는 빈 집이나 빈 점포를 활용하고 이 지역에서 새롭게 개업하는 사람을 응원하려고 전 달부터 시작되었습니다. 오메 역 앞에는 빈 점포를 소개하는 갤러리 [빈 점포 부동산]이 오픈하여 물건 정보나 도면을 전시하고 있습니다.

5 　표현학습

■ 取り組む＋(名詞)： 씨름하는, 몰두하는

　例　昭和時代のレトロな街づくりに取り組むJR青梅駅周辺で、新たな町おこしプロジェクトが始まっています。

　쇼와시대의 복고풍 마을조성에 씨름하는 JR오메(青梅)역 주변에서 새로운 지역 살리기 프로젝트가 시작되었습니다.

문제 　다음 한국어에 알맞게 일본어로 작문해 보시오.

　① 이것은 그가 몰두하는 새로운 연구다.

　▶ _____

　答　これは彼が取り組む新しい研究だ。

　② 최근에는 주체적으로 학습에 몰두하는 학생이 적다.

　▶ _____

答 最近は主体的に学習に取り組む学生が少ない。

6 정리하기

▌ 일본의 지역살리기
▌ 관련된 단어와 표현

国民年金のしくみ

国民年金は、全ての国民を対象として、老齢・障害・死亡に関して必要な給付を行い、健全な国民生活の維持・向上に寄与することを目的としています。公的年金制度は、若い世代が高齢世代を支える「世代と世代の支え合い」のしくみでできています。みんなで保険料を出し合って親の世代の人たちを支え、自分たちの老後は子供たちが支えてくれるのです。このようなしくみになっているため、未加入や保険料を納めないでいると自分だけでなく、多くの人たちに迷惑をかけることになります。あなた自身の将来のためにも、きちんと加入手続きをして忘れずに保険料を納めましょう。

20歳になったら国民年金

日本に住む20歳以上60歳未満のすべての人は、国民年金(基礎年金)に加入することになっています。さらに、サラリーマンや公務員は厚生年金・共済組合に加入します。

では、どのような分類になっているのか見て行きましょう。

第1号被保険者…自営業や農林漁業、学生など

第2号被保険者…会社員や公務員など

第3号被保険者…専業主婦など(第2号被保険者に扶養されている配偶者)

次に、保険料はどのように支払えばいいのでしょうか。

・第1号被保険者

全国の銀行(ゆうちょ銀行を含む)・農協・漁協・信用金庫・信用組合・労働金庫・指定のコンビニエンスストアで納められます。

(市役所・町村役場では、納めることができません)

口座振替で「前納」や「早割」にすると保険料が割引されます。

・第2号被保険者

給与の額によって厚生年金保険料・共済年金保険料が決められ、毎月の給料から天引きされます。国民年金の保険料を納める必要はありません。

・第3号被保険者

　年金制度全体で負担していますので、個人で納める必要はありません。

　（厚生年金・共済年金の制度からまとめて負担します。）

では、あなたはどれに該当しますか。

　日本に住む20歳以上60歳未満のすべての人は、国民年金に加入することになっています。また、対象となる人は三種類に分かれます。

1. 20歳以上60歳未満の自営業者・学生等（第1号被保険者）

2. 厚生年金被保険者及び共済組合員（第2号被保険者）

3. 第2号被保険者の被扶養配偶者で20歳以上60歳未満の人（第3号被保険者）

※ また、20歳になったとき、会社などをやめたとき、離婚したときなどは、年金手帳と印かんをもって、役所に申請しに行かなければなりません。

年金にはこのような制度もあります。

・保険料免除制度

　所得が少なく保険料を納めることが困難な方には、申請によって保険料が免除される制度があります。本人、配偶者及び世帯主の所得が一定以下であれば納付が免除になります。

・若年者納付猶予制度

　平成17年度より、30歳未満の方で保険料を納めることが困難な方には、申請によって保険料が猶予される制度ができました。本人、配偶者の所得が一定以下であれば納付が猶予されます。

・学生納付特例制度

　学生であり、本人の所得が一定以下であれば、申請によって保険料が猶予されます。（各種学校、教育施設等には対象とならないものもあります。）

제4과

일본의 문화

제4과 ▶ Clip ≫≫≫ 1

1 들어가기

학습내용

▌『KY式 日本語』라는 책을 통한 일본문화 소개
▌관련된 단어와 표현

학습목표

▌『KY式 日本語』라는 책을 통해 현재 일본의 문화를 이해할 수 있다.
▌관련된 단어와 표현을 익혀 활용할 수 있다.

2 영상보기

▶ メディアⅠ「『KY式　日本語』という本の紹介」

문제 MMKは何の意味ですか?
해답 「もててもてて困る」の意味。

3 단어학습

□	空気	くうき	공기
□	濃い	こい	진하다
□	載る	のる	실리다
□	呟き	つぶやき	중얼댐, 군소리

□	偶然	ぐうぜん	우연히
□	街	まち	거리
□	意味	いみ	의미
□	結構	けっこう	제법, 충분히
□	笑える	わらえる	웃을 수 있다
□	日本海軍	にほんかいぐん	일본해군
□	もてる		인기가 있다
□	略する	りゃくする	줄이다, 약하다
□	世代	せだい	세대
□	残る	のこる	남다
□	定着する	ていちゃくする	정착하다, 말 사상이 뿌리박히다

4 해설강의

일본어

「'楽'で一す。ええ、KY式日本語っていう本、今、大ベストセラーになっているんです。これ、ご存じでしょうか」「ええ」

「これ、大修館書店さんから出ているんですけども、これ、いろんな、KYというのがね、空気読めないとありましたけれども、これ以外にも、FKは『ファンデ濃い』とかね、ITは『アイス食べたい』とか、そういうの、いろいろ載っているんですよ。わたしが面白かったのはね、絶対わからないけど、ODDというのが、『おまえ、大学どうする!』っていう。そんな、そんなODDなんて言われてもわかんない」

「お父さんのつぶやきみたいな」

「GMMは、『偶然街で会った元カノ』って、意味わかんない」

「おぼえられんわ、そんなもん」

「無理だから、みたいな。でも、けっこうばかばかしくて笑えるんですよ」「ええ」

「こういうの、なんか、もともとね、KYなんか言い方っていうのは、なんか最近

のような気がしますけども、もともとこれによると、日本海軍で、あのMMKって、あの、知ってます？ MMKって、昔、もててもてて困るというのを、MMKと呼んだんですけども、それを日本海軍から出た言葉だったから、そのあたりぐらいから、やっぱりローマ字になんか略して、あの、言うのが好き、というのがあるみたいですよね。ええ、だからMMKは、昔の世代の人達はちょっと覚えてますけども、こん中で残るのが、どのぐらいあるのか、まあ、KYぐらいは残るかもしれませんけど」「KYは、もう、ねえ、定着したね」「そうですね」

TOKYO MX NEWSによる

한국어 역

[樂에요. 음, KY식 일본어라는 책, 지금, 베스트셀러가 되어 있어요. 이거, 아세요?]

[이거, 다이슈칸서점에서 나온 건데, 이거 여러가지, KY라고 하는 게 말이에요, 분위기를 읽을 줄 모른다라고 되어 있는데, 이거 이외에도, FK는 [화운데이션 진해!]라든지, IT는 [아이스 머거싶다]라든지, 그런 거, 여러가지 실려 있어요. 제가 재미있었던 것은 말이에요, 절대 모르시겠지만, ODD라고 하는 것이 [너! 대학 어떻게 할래?]라고 하는, 그런 ODD 따윈 들어도 몰라요]

[아빠의 푸념 같은 것 말이에요]

[GMM은 [우연히 거리에서 만난 원래 여자친구]라는데, 뜻도 모르겠네요]

[못 외워. 그런거.]

[무리니까요, 그런거. 하지만 꽤나 어이없어서 웃을 수 있어요] [예]

[이런 거, 왠지, 본래 KY라는 말은 최근 같은 느낌이 들지만, 본래 이것에 의하면 일본해군에서 그 MMK라는 것, 아십니까? MMK라는 것, 옛날 너무 인기 있어서 곤란하다고 하는 것을, MMK라고 불렀는데, 그것이 일본해군에서 나온 말이었기 때문에, 그 무렵부터 로마자로 약해서 말하는 것이 좋다라고 하는 것이 있는 것 같아요. 때문에 MMK는 옛날 세대 사람들은 조금은 알고 있지요. 그런데 이 중에서 남는 것이 어느 정도 있을 지, 아마 KY정도는 남을 지도 모르지만요] [KY는 이미 정착되었지요] [그렇죠]

---

5 표현학습

■ 名詞＋っていう＋名詞 : 비격식적인 회화에서 사용하는 표현. 청자가 모를 것이라고
생각되어지는 것에 대해서 기술할 때 사용함.

例 KY式日本語っていう本

KY식 일본어라는 책

다음 한국어에 알맞게 일본어로 작문해 보시오.

① 역 앞의 우라라라고 하는 찻집, 들어간 적 있습니까?

▷ _____

答 駅前の「うらら」っていう喫茶店、入ったことありますか。

② 이건 미우라아야코라고 하는 작가가 쓴 책인데요.

▷ _____

答 これ、三浦綾子っていう作家の書いた本なんですけど。

6　정리하기

▌『KY式 日本語』라는 책을 통한 일본문화 소개

▌관련된 단어와 표현

Clip ⟫⟫⟫ 2

1　들어가기

학습내용

▌ 일본 着物의 세계

▌ 관련된 단어와 표현

학습목표

▌ 일본 着物의 세계를 이해할 수 있다.

▌ 관련된 단어와 표현을 익혀 활용할 수 있다.

2　영상보기

▶ メディアⅡ「藤林徳扇の着物」

문제　エメラルド、ルビー、サファイアなどの宝石を純金の糸とともに生地に織り込む独自の手法を着物に導入した人は誰ですか?

해답　藤林徳扇(ふじばやしとくせん)

3　단어학습

☐ 魅了する	みりょうする	마음을 사로잡다. 매혹하다
☐ 純金	じゅんきん	순금
☐ 生地	きじ	옷감, 천

☐	織り込む	おりこむ	섞어 넣어 짜다. 집어 넣다
☐	手法	しゅほう	수법
☐	編み出す	あみだす	짜기 시작하다. 짜 내다
☐	工房	こうぼう	공방
☐	刺繍	ししゅう	자수
☐	熨斗目	のしめ	옛날 무가의 예복용 직물. 무지로 소매, 허리 부분에만 얼룩무늬가 있음
☐	縦糸	たていと	날실
☐	上品だ	じょうひんだ	고상하다
☐	格調	かくちょう	격조
☐	優雅だ	ゆうがだ	우아하다
☐	気品	きひん	기품
☐	兼ね備える	かねそなえる	겸비하다. 함께 갖추다.

4 해설강의

일본어

日本の伝統文化であり、今もなお愛されつづけている着物。

今回は世界のセレブを魅了する徳扇(とくせん)の着物にフォーカスしました。

エメラルド、ルビー、サファイアなどの宝石を純金の糸とともに生地に織り込む独自の手法。この生地は、数百年いろあせず、長期保存が可能であり、着物の他に絵画としての作品にも使われています。この手法を編み出したのは、ユネスコ・グリーティングアーティストとして連続して選出されている12代、藤林徳扇(ふじばやしとくせん)。

京都の工房で行われている非常に貴重な制作工程を、今回は特別に披露してくれました。

「こちらの作品ですけれども、やはり菊をモチーフに、プラチナと本金糸で、

あの、刺繍をした作品ですね。ええ、熨斗目(のしめ)といいますも、本当に古典の柄ですけれども、そちらをちょっと、あの、染めで表現した作品です。」

「こちらは、染めを、あの、まあ、生地にはプラチナを縦糸に250本織り込んでおりまして、本当に、これですと、もう、あの、ひと目で、まあ、あの、お嬢様がどこにいらっしゃるかというのも、あの、お分かりいただけるような、すごく華やかさがございますけれども、上品な、品のある、あの、お着物でございます。わたくしどもの創作理念、格調の高さ、そして優雅さ、気品、すべてを、あの、兼ね備えた代表作でございます。

f・Destinationによる

한국어 역

일본의 전통문화이며 지금도 또한 계속 사랑받고 있는 기모노.

이 번에는 세계의 유명인들을 매료시키는 도쿠센의 기모노에 포커스를 맞췄습니다.

에메럴드, 루비, 사파이어 등의 보석을 순금 실과 함께 원단에 넣어 짜 넣은 독자적인 수법.

이 원단은 수백 년 색도 바래지 않고, 장기보존이 가능하며 기모노 외에 회화로써의 작품에도 사용되어지고 있습니다. 이 수법을 고안해 낸 것은 유네스코·그리팅 아티스트로서 연속해서 선출된 12대째의 후지바야시 도쿠센.

교토의 공방에서 행해지고 있는 꽤 귀중한 제작공정을, 이번에는 특별히 보여 주었습니다.

이 작품입니다만 역시 국화를 모티브로 플라치나와 순금실로 자수를 놓은 작품이지요, 노시메라고 하는데요, 정말 고전에 나오는 무늬입니다만, 그 쪽을 조금 염색해서 표현한 작품입니다.

이 쪽은 염색을, 원단에는 플라치나를 날실에 250개 섞어서 짜 넣은 것으로, 정말 이걸로 말할 것 같으면 이미 한 눈에 귀한 따님이 어디에 계신지를 알 수 있는 것과 같은, 꽤 화려함이 있으면서도 고상하고 품위가 있는 기모노입니다. 저희들의 창작이념, 격조 높음, 그리고 우아함, 기품, 모든 것을 겸비한 대표작입니다.

---

5 표현학습

兼ね備える(かねそなえる) : 겸비하다. 함께 갖추다.

例 優雅さ、気品、すべてを兼ね備えた代表作でございます。

우아함, 기품, 모든 것을 겸비한 대표작입니다.

문제 다음 한국어에 알맞게 일본어로 작문해 보시오.

① 그녀는 아름다울 뿐만 아니라 지혜와 용기를 겸하고 있다.

▶ _____

答 彼女は美しいだけでなく、知恵と勇気を兼ね備えている。

② 저 사람은 인기와 실력을 겸비한 젊은 배우로서 주목을 받고 있다.

▶ _____

答 あの人は人気と実力を兼ね備えた若手俳優として注目を浴びている。

6 정리하기

▌일본 着物의 세계

▌관련된 단어와 표현

Clip >>>> 3

1 들어가기

학습내용

▮ 일본의 꽃꽂이
▮ 관련된 단어와 표현

학습목표

▮ 「生け花小原流展」을 통해 일본의 꽃꽂이를 이해할 수 있다.
▮ 관련된 단어와 표현을 익혀 활용할 수 있다.

2 영상보기

▶ メディアⅢ 「生け花小原流展」

문제 生け花小原流展を開いている松山支部は創立何周年を迎えましたか?

해답 65周年

3 단어학습

☐	創立	そうりつ	창립
☐	生け花	いけばな	(일본의 전통) 꽃꽂이
☐	財団法人	ざいだんほうじん	재단법인
☐	支部	しぶ	지부

□	迎える	むかえる	맞이하다
□	吟遊	ぎんゆう	음유
□	伝統	でんとう	전통
□	託する	たくする	(어떤 형식을 빌려) 나타내다
□	展示	てんじ	전시
□	支える	ささえる	지원하다, 지지하다
□	生み出す	うみだす	새로 만들어 내다, 산출하다
□	先人	せんじん	옛사람, 선조
□	癒される	いやされる	치유되다
□	家元	いえもと	한 유파의 정통을 잇는 집 또는 당주(当主)
□	雄大	ゆうだい	웅대함

4 해설강의

일본어

　3月12、13日の両日。いよてつ高島屋9階ローズホールで創立65周年記念、生け花小原流展が開かれました。これは、一般財団法人小原流松山支部が、創立65周年を迎えたことを記念して開かれたものです。吟遊花人をテーマに、小原流生け花の伝統をふまえ、花に思いを託した作品、およそ120点が展示されました。

　「小原流創流121年、松山支部創立65周年を迎えまして、これまで支えてきてくださいました、皆様方に、厚くお礼申し上げます。今回の65周年記念いけばな展は会員一同が力を合わせての開催でございます。花には、なにかエネルギーを生み出す、力があると思います。今後も先人たちの思いとともに、花に癒され、生け花ができますことに幸せを感じながら、歩んでまいりたいと存じます。」

　会場には小原流家元の小原宏貴さんの作品なども展示され、訪れた人々

は作品の雄大さに魅了していました。

たうんニュースによる

한국어 역

3월 12, 13 이틀간, 이요테츠 다카시마야 9층 로즈홀에서 창립 65주년기념 꽃꽂이(이케바나) 오하라류전이 열렸습니다. 이 전시회는 일반재단법인 오하라류 마츠야마 지부가 창립 65주년을 맞이한 것을 기념해서 열린 것입니다. 음유화인(吟遊花人)을 테마로 오하라류 꽃꽂이(이케바나)의 전통을 근거로 하며 꽃에 마음을 담은 작품 약 120점이 전시되었습니다.

「오하라류 창류 121년, 마츠야마지부 창립 65주년을 맞이하여 지금까지 지원해 주신 여러분들께 심심한 감사의 마음을 전합니다. 이번 65주년기념 꽃꽂이(이케바나)전은 회원일동이 힘을 모아 개최한 것입니다. 꽃에는 무언가 에너지를 창출해 내는 힘이 있다고 생각합니다. 이후로도 선인들의 마음과 함께 꽃에 의해 치유를 받으며 꽃꽂이(이케바나)를 할 수 있는 것에 행복을 느끼면서 걸어가고 싶다고 생각합니다.」

회장에는 오하라류 본가의 오하라 히로키 씨의 작품도 전시되어 방문한 사람들은 작품의 웅대함에 매료되어 있었습니다.

---

5 표현학습

■ 生み出す : 새로 만들어 내다, 산출하다

[例] 花には、なにかエネルギーを生み出す、力があると思います。

꽃에는 무언가 에너지를 창출해 내는 힘이 있다고 생각합니다.

[문제] **다음 한국어에 알맞게 일본어로 작문해 보시오.**

① 당신은 혁신적인 것을 새로 만들어 내기 위하여 무엇이 필요하다고 생각합니까?

▶ _____

[答] あなたは革新的なものを生み出すために、なにが必要だと思いますか?

② 그녀에게는 가치를 새로 만들어 내는 힘이 있다.

▶ _____

[答] 彼女には価値を生み出す力がある。

---

6 정리하기

- 일본의 꽃꽂이
- 관련된 단어와 표현

Clip >>>> 4

1 들어가기

학습내용

▐ 일본의 茶道

▐ 관련된 단어와 표현

학습목표

▐ 일본의 茶道에 대하여 이해할 수 있다.

▐ 관련된 단어와 표현을 익혀 활용할 수 있다.

2 영상보기

▶ メディアⅣ「日本の茶道」

문제 「真」のおじぎは、どういう時しますか?

해답 掛物を拝見したり、亭主と客とのあいさつの時などにする。

3 단어학습

☐	茶席	ちゃせき	다회를 하는 방
☐	心得	こころえ	주의해야할 사항
☐	男子用	だんしよう	남자용
☐	女子用	じょしよう	여자용

□	**持ち物**	もちもの	지참물
□	**扇子**	せんす	접부채, 쥘부채
□	**懐紙**	かいし	회지 (과자를 나누거나 술잔을 씻을 때 씀)
□	**立ち居振る舞い**	たちいふるまい	기거동작, 행동거지
□	**座り方**	すわりかた	앉는 방법
□	**背筋**	せすじ	등
□	**伸ばす**	のばす	펴다
□	**お辞儀**	おじぎ	인사
□	**掛物**	かけもの	족자
□	**拝見する**	はいけんする	알현하다
□	**亭主**	ていしゅ	(다도에서 손님을 대접하는) 주인

4 해설강의

일본어

それでは、客としてお茶席に招かれた時の心得について、お話ししましょう。

まず、客としてお茶席に入るにはいくつかのものを持つ必要があります。

これは、男子用の持ち物です。こちらは女子用の持ち物です。男子用に比べて、扇子、懐紙は幾らか小さくなっています。

お茶席での、基本的な立ち居振る舞いを学んでみましょう。最初は座り方についてです。座る時には、背筋を伸ばして右手を左手の上に重ねて、膝の上に置きます。

では、次に、おじぎの仕方について学んでみましょう。おじぎの仕方には「真」「行」「草」とあります。「真」のおじぎは掛物を拝見したり、亭主と客とのあいさつの時などにする、最も丁寧なおじぎです。心を込めておじぎをしましょう。

YouTubeによる

그럼 손님으로서 다회를 하는 방에 초대되었을 때의 유념할 점에 대해서 이야기 하겠습니다.

우선 손님으로서 다회를 하는 방에 들어갈 때는 몇 갠가를 지참하여 가지고 갈 필요가 있습니다. 이것은 남자의 지참물입니다. 이쪽은 여자의 지참물입니다. 남자의 자참물에 비해서 쥘 부채와 회지 (과자를 나누거나 술잔을 씻을 때 씀)가 조금은 작게 되어 있습니다.

다회를 하는 방에서의 기본적인 기거 동작을 배워 보겠습니다. 처음은 앉는 법에 대해서 입니다. 앉을 때는 등을 피고 오른 손을 왼손 위에 겹쳐 무릎 위에 놓습니다.

그럼, 다음으로 인사의 방법에 대해서 배워 보겠습니다. 인사법에는 [진], [행], [초]가 있습니다. [진]의 인사법은 족자를 본다든지 (다도에서 손님을 대접하는)주인과 손님과의 인사 때 등에 하는 가장 정중한 인사입니다. 정성을 기울여 인사를 합시다.

5 표현학습

心を込める : 정성을 기울이다

例 心を込めておじぎをしましょう。
정성을 기울여 인사를 합시다.

문제 다음 한국어에 알맞게 일본어로 작문해 보시오.

① 뭐든지 정성을 기울이는 것이 감동을 만들어 낸다.

▶ _____

答 なんでも心を込めることが、感動を生み出す。

② 바쁠 때에도 하나하나에 정성을 기울이는 것이 중요합니다.

▶ _____

答 忙しい時でも一つ一つに心を込めることが大切です。

6 정리하기

▎일본의 茶道
▎관련된 단어와 표현

▌着物とは?

元々、着物という言葉はそのまま「着る物」という意味でした。つまり、単純に衣服のことを指す言葉ということですね。昔は日本では「着物」というと、今とは違って一般的な衣服を指す言葉として使用されていたそうです。その定義が変わったのは、日本に洋服が伝えられてからのことです。西洋文化の普及が明治以降急速に進み、洋服を着る人が非常に多くなってきたことから、洋服と区別を付けるために「和服」という言葉が誕生しました。そして、いつしか和服のことを「着物」と呼ぶようになったようです。

▌着物の特徴

現代では、着付けが難しい、高価という理由で一般人が着物を着る機会は特別な式以外にはほとんどなくなっています。とはいえ、冠婚葬祭をはじめとする正式なお呼ばれの席には着物で出席したいという人も根強く存在します。そのため、着付けを覚えておきたいという人は現代になっても非常に多くいるようです。

着物の着付けをしっかりと学ぶためには、まず着物という衣服がどんなものであるかを理解する必要があるでしょう。着物の最大の特徴は、長着という点ですね。一部例外もありますが、基本的には着物と呼ばれている衣服は長着で、それを帯で結んで着用することになります。袖も非常に太く、本来腕が納まる幅より遥かに広くなっています。これも、着物の大きな特徴のひとつですね。

着物の固定は、ボタンや締め金を使わず、帯や紐によって行うので、着付けという点ではやはり非常に難しいといわれています。特に難しいのは、帯の締め方でしょう。慣れない人が着物を着る場合、一人で帯を締めるのは難しいため着付けができる人にやってもらうことに

なります。一般人が日常生活で普段着として着るには、やはり敷居が高いといえますね。だからこそ、礼服としての機能が高まるともいえます。普段見ることのない着物は、それだけで場の雰囲気を大きく変え、引き締めます。これも、着物の持つ大きな特徴であり、最大のメリットといえるかもしれません。

　着物の特徴には、体型を隠せるという点も挙げられます。非常に布地の面積が多く、タイトな服とは対照的に、着物は体型を隠すことができます。

▌着物の歴史

　着物は縄文、弥生時代から既にあったと言われています。ただし、このころは当然現代の着物のような装飾や形などなく、衣服自体が食物繊維で作られた物だったと推測されており、ほとんど残存していないことから実態を知ることは不可能と言われています。同様に、古墳時代の衣服も解明はされていません。

映画『細雪』制作発表に着物姿で登場した女優たち

　飛鳥時代になると、壁画として当時の人々の姿が残っているため、それが事実上の日本最古の衣服の資料となっています。既に当時はしっかりと装飾された織物を着ていたことがわかっており、着物の歴史としては、ここが最古であるとするケースもあります。

　奈良時代においても、資料は少ないものの礼服の存在が確認されています。

　平安、鎌倉、室町といった時代における着物は、「上流階級の人間が着るもの」という点で一致しています。一般人である庶民が着物を着ていたという資料は残っていません。庶民の衣服は簡易化されており、きらびやかな服装をするのは一部の人間のみであることがわかっています。時代が過ぎ江戸時代になると、鎖国の影響もあって国産の絹で作った着物が大半を占めるようになりました。

제5과

일본인의 생활 I

Clip >>>> 1

1 들어가기

학습내용

▌ 確定申告書等作成コーナー의 영상을 통한 일본인의 생활 속 세금
▌ 관련된 단어와 표현

학습목표

▌ 確定申告書等作成コーナー의 영상을 통한 일본인의 생활 속 세금을 이해할 수 있다.
▌ 관련된 단어와 표현을 익혀 활용할 수 있다.

2 영상보기

▶ メディアⅠ「確定申告書」

문제 確定申告書等作成コーナーとはどのようなものですか。

해답 税務署に行かずにパソコンで確定申告ができるプログラム。

3 단어학습

□	税務署	ぜいむしょ	세무서
□	混雑する	こんざつする	혼잡스럽다
□	申告書	しんこくしょ	신고서

☐	添付書類	てんぷしょるい	첨부서류
☐	不足する	ふそくする	부족하다
☐	国税庁	こくぜいちょう	국세청
☐	確定申告	かくていしんこく	확정신고
☐	利用する	りようする	이용하다
☐	金額	きんがく	금액
☐	税額	ぜいがく	세액
☐	翌年	よくとし	다음 해
☐	郵送する	ゆうそうする	우송하다
☐	電子証明書	でんししょうめいしょ	전자증명서
☐	購入する	こうにゅうする	구입하다
☐	送信する	そうしんする	송신하다

4 해설강의

일본어

　寒い中、税務署には大勢人がいて大変。混雑している中で申告書を作成してみたけど、

「添付書類が不足しています」

　必要な書類が不足していたりして、

「また来なくちゃいけないの!」

　でも私、聞いてしまったんです。

「国税庁の確定申告書等作成コーナーって本当に便利だよな。税務署行かずに確定申告ができるんだから」

「税務署に行かずに確定申告できるって、本当なの?誰か教えて!」

　国税庁ホームページの確定申告書等作成コーナーを利用すると、税務署に行かずに確定申告ができるんです。

パソコン画面の案内に従って金額などを入力すれば、税額が自動で計算されるので計算間違いのない申告書が作成できます。

また、作成した申告書データを保存しておくと、翌年以降、住所、氏名などが自動で表示されます。

申告書を印刷。

「ああっ、きれい」

郵送すると税務署に行かずに確定申告をすることができます。

さらに、電子証明書を準備して、ICカードリーダライターを購入しておくと、e-TAXで送信することもできます。

確定申告書等作成コーナーの使い方は、Web-Tax-TVの税務署に行かずに確定申告シリーズで紹介しています。

確定申告書の作成は、ぜひ便利な確定申告書等作成コーナーをご利用ください。

「詳しくは国税庁ホームページへ」

国税庁ホームページによる

한국어 역

추운데, 세무서에는 많은 사람들이 있어서 큰일.

혼잡스러운 가운데 신고서를 작성해 봤는데,

"첨부서류가 부족한데요."

필요한 서류가 부족하다든지 해서

"또 오지 않으면 안돼!"

하지만 난 듣고 말았어요.

"국세청의 확정신고서 등 작성코너 말이야. 정말 편리하지. 세무서에 가지도 않고 확정신고 할 수 있으니까 말이야."

"세무서에 가지 않고 확정신고 할 수 있다니 정말, 누군가 가르쳐 줘요!"

국세청 홈페이지의 확정신고서 등 작성코너를 이용하면 세무서에 가지 않고 확정신고를 할 수 있습니다. 퍼스널 컴퓨터 화면 안내에 따라서 금액 등을 입력하면 세액이 자동적으로 계산되어지기 때문에 계산착오가 없는 신고서를 작성할 수 있습니다.

또한 작성한 신고서 데이터를 보존해 두면 이듬 해 이후 주소, 성명 등이 자동적으로 표시됩니다.

신고서 인쇄.

"와아, 깨끗하다."

우송하면 세무서에 가지 않고 확정신고를 할 수가 있습니다. 게다가 전자증명서를 준비해서 IC카드 리더 라이터를 구입해 두면 e-tax로 송신할 수도 있습니다.

확정신고서 등 작성코너의 사용방법은 Web-Tax-TV의 '세무서에 가지않고 확정신고 시리즈'에 소개되어 있습니다.

확정신고 작성은 반드시 편리한 확정신고서 등 작성코너를 이용 바랍니다.

"자세한 것은 국세청 홈페이지로"

5 표현학습

■ 場所名詞＋に行かずに〜：〜에 가지 않고

例 郵送すると税務署に行かずに確定申告をすることができます。

우송하면 세무서에 가지 않고 확정신고를 할 수가 있습니다.

문제 다음 한국어에 알맞게 일본어로 작문해 보시오.

① 병원에 가지 않고 암을 고치는 방법이 있다.

▶ _____

答 病院に行かずに癌をなおす方法がある。

② 학원에 가지 않고 동대에 현역으로 합격한 사람도 있다고 한다.

▶ _____

答 塾に行かずに東大に現役合格された人もいるという。

6 정리하기

▍ 確定申告書等作成コーナーの 영상을 통한 일본인의 생활 속 세금

▍ 관련된 단어와 표현

Clip >>>> 2

1 들어가기

학습내용

▌「食を知り心豊かな食生活のために」의 영상을 통한 일본인의 식생활
▌관련된 단어와 표현

학습목표

▌「食を知り心豊かな食生活のために」의 영상을 통해 일본인의 식생활을 이해할 수 있다.
▌관련된 단어와 표현을 익혀 활용할 수 있다.

2 영상보기

▶ メディアⅡ「食を知り心豊かな食生活のために」

문제 村田ナホさんは、何を食事のマナーの基本だといっていますか。

해답 人がいやがることはじぶんしないということ。

3 단어학습

☐	輪	わ	고리, 테두리, 유대
☐	作り出す	つくりだす	만들어 내다
☐	ぺちゃぺちゃ		(물기가 있는 것을 먹는 소리) 쩝쩝

□ がちゃがちゃ		(쇠붙이가 부딪혀서 나는 소리) 떨그럭떨그럭
□ 気配り	きくばり	배려
□ 肘	ひじ	팔꿈치
□ 行儀	ぎょうぎ	예의, 예절
□ なにげなく		아무렇지도 않게, 별 관심없이
□ 握り箸	にぎりばし	주먹 젓가락질
□ 犬食い	いぬぐい	식기를 손으로 잡지 않고 테이블에 놓은 채로 개처럼 숙여 먹는 것
□ 掻き込む	かきこむ	그러 모으다. 급히 먹다
□ 差し箸	さしばし	젓가락 끝으로 사람을 가리키는 것
□ 茶碗	ちゃわん	밥그릇
□ 引き寄せる	ひきよせる	가까이 끌어 당기다
□ 叩き箸	たたきばし	박수 젓가락

4 해설강의

「おいしい食事は、家族の輪も作り出してくれるんですね。つづいては、食べ物の大切さと食事のマナーについて村田ナホさんお願いします。」

食事のマナーで、人がいやがることはじぶんしないということが基本です。そういうことですよね。ご飯を食べてる時にぺちゃぺちゃ音をたてたりね、がちゃがちゃ音をたてたりしますと気分が悪くなります。それで相手の気持ちを思って、たとえば、今日は寒かったらあったかいもの、暑い時には冷たいものということで、気配りができるようなマナーを育てたいと思います。やはり、あの、食卓のテーブルで食べる時に、ひじをついて食べるなんていうことは、非常にね、お行儀が悪いと思います。箸の持ち方もそうなんです。なにげなく、あの、持ってますけれど、あの、要するに鉛筆を持つような形で手を添えてやりますと上

手に持てるんです。『にぎりばし』とか、どうしてもそういうふうになりますと、犬食いというんでしょうか、かきこんで食べて犬のような行儀のわるい食べ方になるわけです。それから箸で、何とかさん！ かんとかさん！ こう『さしばし』も悪いですね。箸を持ってお茶碗を自分のとこに引き寄せるのもいけないし、お茶碗をぽんぽんぽんぽん「たたきばし」っていうのもいけないんですね。そういう箸の文化をきちっと身につけてほしいと思うんです。

YouTubeによる

한국어 역

[맛있는 식사는 가족의 유대관계도 만들어 주는군요. 계속해서 먹을 것의 중요함과 식사의 매너에 대해서 무라타 나호씨 부탁 드립니다]

식사매너에서 남이 싫어하는 것은 자신이 하지 않는다고 하는 것이 기본입니다. 그런 거지요.밥을 먹고 있을 때에 쩝쩝 소리를 낸다든지, 떨그럭떨그럭 소리를 낸다든지 하면 기분이 나빠집니다. 그래서 상대의 기분을 생각해서, 예를 들면 오늘은 추우니까 따뜻한 것, 더울 때에는 차가운 것이라고 하는 것으로 배려를 할 수 있는 매너를 기르고 싶다고 생각합니다. 역시 식탁 테이블에서 먹을 때에는 팔꿈치를 대고 먹는 것 따위는 정말 예의가 없다고 생각합니다. 젓가락 잡는 방법도 그렇습니다. 무심코 하고 있습니다만 요는 연필을 잡는 형태로 손으로 하면 잘 잡을 수 있다는 겁니다. [주먹 젓가락질]라든지, 아무래도 이렇게 되면 개가 밥 먹는 방법이라고 해야 할까요, 그러 모아 먹게 되어 개와 같이 버릇없는 식사방법이 되어 버립니다. 그리고 젓가락으로 누구누구 이렇게 [젓가락 끝으로 가리키는 것]도 나쁘지요. 젓가락을 가지고 공기를 자기 쪽으로 끌어 당기는 것도 좋지 않고, 공기를 딱딱 [젓가락으로 두드리는 것]도 안 되지요. 그러한 젓가락 문화를 확실하게 몸에 익혔으면 합니다.

---

5 표현학습

■ 要するに : 요약하자면, 다시 말해서, 요는 (지금까지 기술해 온 것을 요약해서 자신의 결론을 말할 경우나 상대의 결론을 질문한다든지, 확인할 경우에 이용됨)

例 要するに、鉛筆を持つような形で手を添えてやりますと上手に持てるんです。
　　요는 연필을 잡는 것 같은 형태로 손으로 하면 잘 잡을 수 있다는 겁니다.

문제 다음 한국어에 알맞게 일본어로 작문해 보시오.

① 다시 말해서 지금 간호사가 부족하다고 하는 말이다.

▶ _____

答 要するに、いま看護師が足りないというわけだ。

② 다시 말해 자네는 뭘 말하고 싶은 건가.

▶ _____

答 要するに、君は何が言いたいんだ。

6 정리하기

▌「食を知り心豊かな食生活のために」의 영상을 통한 일본인의 식생활
▌관련된 단어와 표현

Clip >>>> 3

1 들어가기

학습내용

▌「助産師が防ぐ孤独な育児」의 영상을 통한 일본의 육아문제
▌관련된 단어와 표현

학습목표

▌「助産師が防ぐ孤独な育児」의 영상을 통해 일본의 육아문제를 이해할 수 있다.
▌관련된 단어와 표현을 익혀 활용할 수 있다.

2 영상보기

▶ メディアⅢ「助産師が防ぐ孤独な育児」

문제   助産師である奥田さんが、いま特に気をつけているのは何ですか?
해답   出産を終えたおかあさんのケア

3 단어학습

☐	**出産後**	しゅっさんご	출산 후
☐	**育児**	いくじ	육아
☐	**悩む**	なやむ	괴로워하다
☐	**助産師**	じょさんし	조산원

☐	孤独	こどく	고독
☐	救う	すくう	구하다
☐	立ち会う	たちあう	입회하다
☐	新生児	しんせいじ	신생아
☐	紅斑	こうはん	붉은 반점
☐	頼る	たよる	의지하다
☐	心細い	こころぼそい	불안하다. 쓸쓸하다
☐	駆け付ける	かけつける	급히 달려오다
☐	向き合う	むきあう	마주 바라보다
☐	心掛ける	こころがける	결심하다
☐	寄せる	よせる	밀려오다

4 해설강의

일본어

「続いてはリポートです。出産後の育児に一人で悩んでいらっしゃいませんか。奈良県の天理市には出産後も育児相談にのり、母親たちから信頼されている助産師さんがいます」

「はい、赤ちゃんを生まれた時から知る助産師だからこそ頼られ、孤独になりがちな母親をすくう存在として注目されています」

「おはようございます」「おはようございます」「あ、お産のあと、すみません。あっ、今日はおねえちゃんもいるんや」

「怖くない、怖くない」

このあかちゃんのお産に立ち会った奥田朱美(おくだあけみ)さん、56歳。30年の経験をもつ助産師です。産後まもないおかあさんを訪ね、一人で育児に悩まないように、さまざまな不安や質問に答えています。

「ああ、これ、これは新生児紅斑(こうはん)ですからね。三日したら治ります」

「はあ!」

　この日訪ねたのは、先月二人目を出産したおかあさん。一人目の時は頼るところがなく、心細い思いをしました。奥田さんは何かあると24時間いつでも駆けつけるようにしています。

　「ずっとそばにいてくれてるから、あー、ずっといてくれてるのって逆にびっくりして」「邪魔だったかもしれない」

　ここは天理市にある奥田さんの助産院です。一人ですべてのおかあさんと向き合うことを心がけています。診察は一時間をこえることも少なくありません。いま奥田さんが特に気をつけているのは、出産を終えたおかあさんのケアです。多い時には、月200件を越える育児相談がよせられました。

NHK NEWSによる

한국어 역

　다음은 리포트입니다. 출산 후 육아 때문에 혼자서 고민하고 있지는 않으신지요. 나라현의 텐리시에는 출산 후에도 육아상담에 응해주어 애기엄마들로부터 신뢰를 받고 있는 조산원이 있습니다.

　예, 아기를, 낳을 때부터 아는 조산원이기 때문에 의지가 되고, 고독해지기 쉬운 애기엄마를 구하는 존재로서 주목 받고 있습니다.

　"안녕하세요" "안녕하세요" "아기 낳은 지 얼마 안 되는데 죄송합니다. 야, 오늘은 누나가 있네" "무서워 하지마, 괜찮아"

　이 아기의 출산에 동참한 오쿠다 아케미씨 56세. 30년 경험을 가진 조산원입니다. 산후 얼마 되지 않은 애기엄마들을 방문해 혼자서 육아로 고민하지 않도록 갖가지 불안이나 질문에 답하고 있습니다.

　"아아, 이거, 이건 신생아 붉은 점이라 삼일 지나면 낫습니다" "아하!"

　이 날 방문한 것은 전달 둘째를 출산한 엄마. 첫째 때는 의지할 곳이 없어 허전하고 불안한 마음이었습니다. 오쿠다 씨는 뭔가가 생기면 24시간 언제라도 달려갑니다.

　"계속 옆에 있어주니까, 아-, 계속 있어주는 것에 거꾸로 오히려 깜짝 놀라서요" "방해가 됐는지도 모르겠네요"

　여기는 텐리시에 있는 오쿠다 씨의 조산원입니다. 혼자서 모든 애기엄마들과 마주하려고 결심하고 있습니다. 진찰은 한 시간이 넘는 적도 적지 않았습니다. 지금 오쿠다 씨가 특히 신경을 쓰고 있는 것은 출산을 끝낸 엄마들의 케어입니다. 많을 때에는 한 달에 200건을 넘는 육아상담이 밀려왔습니다.

■ 동사 ＋ がち : (동사 ます형에 붙어) 〜기 쉬운, 〜기 십상이다.
　　　　　　　(동사에 붙어서 의도하지 않아도 자신도 모르게 그렇게 돼 버린다고 하는
　　　　　　　의미를 나타냄)

例 助産師は孤独になりがちな母親をすくう存在として注目されています。

조산원은 고독해 지기 쉬운 엄마들을 구하는 존재로서 주목 받고 있습니다.

問題 다음 한국어에 알맞게 일본어로 작문해 보시오.

① 그것은 어린 아이에게는 흔히 있는 일이다.

 _____

答 それは小さな子にはありがちなことだ。

② 여자친구에게 전화하면 나도 모르게 말이 길어지기 십상이다.

 _____

答 彼女に電話するとつい長話になりがちだ。

6 정리하기

▌「助産師が防ぐ孤独な育児」의 영상을 통한 일본의 육아문제
▌관련된 단어와 표현

Clip >>>> 4

1 들어가기

학습내용

▌「小さな火葬式」의 영상을 통한 일본의 장례식

▌관련된 단어와 표현

학습목표

▌「小さな火葬式」의 영상을 통해 일본의 장례식을 이해할 수 있다.

▌관련된 단어와 표현을 익혀 활용할 수 있다.

2 영상보기

▶ メディアⅣ「小さな火葬式」

문제 小さな火葬式はどのようなものですか?

해답 通夜や告別式は行わず、火葬式だけを行う葬式プラン。

3 단어학습

	火葬	かそう	화장
	通夜	つや	초상집에서 밤샘
	告別式	こくべつしき	고별식
	葬式	そうしき	장례식

☐	打ち合わせ	うちあわせ	타합. 협의
☐	遺体	いたい	유해
☐	安置	あんち	안치
☐	故人	こじん	고인
☐	葬儀社	そうぎしゃ	장례회사
☐	申し付ける	もうしつける	명령하다. 주문하다
☐	日取り	ひどり	날잡기. 택일
☐	手配	てはい	수배. 준비
☐	段取り	だんどり	(일의) 순서. 절차
☐	見積書	みつもりしょ	견적서
☐	棺	ひつぎ	관

4 해설강의

일본어

　小さな火葬式の流れをご紹介いたします。小さな火葬式は、通夜や告別式は行わず、火葬式だけを行うお葬式プランです。ご依頼・ご相談からお迎え、お打ち合わせ、ご遺体安置、火葬、お支払いまでを、現地スタッフがご案内させていただきます。

　ご葬儀のご依頼・ご相談は、24時間365日で対応している本社のコールセンターで受け付けています。お電話でお名前、ご連絡先、病院名、宗派、お寺様の紹介を希望されるかなど、ご葬儀をすすめる上で、必要な情報をスタッフがお伺いします。金額も口頭でご提示させていただきますので、ご確認ください。あとは現地スタッフがご案内いたしますので、安心してすべてお任せください。

　まず、ご家族の方からご連絡をいただいてから、一時間以内に現地スタッフが病院へ故人様のお迎えにあがります。そこで火葬までの間、故人様をご自

宅で安置するのか、葬儀社が管理する安置所で安置するのか、その確認を現地スタッフが行います。どちらの方法で故人様をご安置するか、ご家族方の意思を現地スタッフにお申し付けください。

　次に火葬の日取り、お寺様の手配など、火葬当日の段取りについて現地スタッフと打ち合わせをさせていただきます。最後に見積書をお出ししますので、内容をご確認ください。

　故人様をご自宅で安置する場合、現地スタッフが寝台車で故人様をご自宅までご搬送いたします。ご自宅で故人様を安置する場所、さらに、故人さまを寝かせるお布団をご用意ください。蝋燭、お線香、ドライアイスの準備、故人様のお世話などは、すべて現地スタッフが行います。

　火葬当日は、打ち合わせでお知らせしたお時間に現地スタッフがご自宅へお迎えにあがります。故人様を棺におさめ、寝台車で火葬場へ向かいます。

　故人様を当方が管理する安置所で安置する場合、現地スタッフが寝台車で故人様を安置所へお運びします。火葬当日までご冷庫、または安置室で大切にお預かりいたします。

小さな火葬式のホームページによる

한국어 역

　작은 화장식의 흐름을 소개하겠습니다. 작은 화장식은, 초상집에서의 밤샘이나 고별식은 행하지 않고 화장식 만을 행하는 장례식 플랜입니다. 의뢰, 상담에서 맞이하기, 협의, 유해안치, 화장, 지불까지를 현지 스탭이 안내해 드립니다.

　장례식의 의뢰, 상담은 24시간 365일 대응하고 있는 본사 콜 센터에서 접수 받고 있습니다. 전화로 이름, 연락처, 병원명, 종파, 스님의 소개를 희망하는 지 등, 장례를 진행하는 가운데 필요한 정보를 스탭이 여쭙습니다. 금액도 구두로 제시해 주기 때문에 확인해 주십시오. 다음은 현지 스탭이 안내하기 때문에 안심하고 모두 맡겨 주십시오.

　우선 가족으로부터 연락을 받고 나서 한 시간 이내에 현지 스탭이 병원에 고인을 맞이하러 갑니다. 거기에서 화장까지의 사이, 고인을 자택에 안치할 지, 장의사가 관리하는 안치소에 안치할 지, 그 확인을 현지 스탭이 합니다. 어떤 방법으로 고인을 안치할 지 가족 분의 의지를 현지 스탭에게 주문해 주십시오.

　다음으로 화장할 날 잡기, 스님 모셔오기 등, 화장당일의 순서에 대해서 현지 스탭과 협의를 합니다. 마지막으로 견적서를 드리게 되오니 내용을 확인해 주십시오.

고인을 자택에서 안치할 경우, 현지 스탭이 침대차로 고인을 자택까지 옮깁니다. 자택에서 고인을 안치할 장소, 게다가 고인을 눕힐 이불을 준비해 주십시오. 초, 향, 드라이아이스의 준비, 고인의 관련된 일 등은 모두 현지 스탭이 합니다.

화장당일은 협의 때 알려드린 시간에 현지 스탭이 자택에 맞이하러 갑니다. 고인을 관에 넣고 침대차로 화장터로 향합니다.

고인을 우리 쪽에서 관리하는 안치소에 안치할 경우, 현지 스탭이 침대차로 고인을 안치소로 옮겨옵니다. 화장 당일까지 냉동창고, 또는 안치실에서 소중하게 맡습니다.

5 표현학습

段取り : 일을 진행시키는 순서, 방도, 절차

例 火葬当日の段取りについて現地スタッフと打ち合わせをさせていただきます。

화장당일의 순서에 대해서 현지 스탭과 협의를 합니다.

문제 다음 한국어에 알맞게 일본어로 작문해 보시오.

① 그는 확실하게 일의 순서를 정하고 나서 일을 시작하는 성격이다.

▶ _____

答 彼はきちんと段取りをつけてから仕事をはじめる性格だ。

② 잘 되지 않았을 때는 일의 절차가 나쁨을 재검토해야만 한다.

▶ _____

答 うまく行かなかった時は段取りの悪さを見直すべきだ。

6 정리하기

▌「小さな火葬式」의 영상을 통한 일본의 장례식
▌관련된 단어와 표현

日本の葬式

　日本では死後、死者はあの世に旅立つと考えられています。宗旨(しゅうし)や地域によって違いはありますが、亡くなった人には白い着物を着せ、白い足袋を履かせます。そして、あの世とこの世の間を流れる川 "三途(さんず)の川" の渡し賃を入れる袋を首から下げ、手には数珠(じゅず)を持たせ、棺(ひつぎ)に納めます。

日本のお葬式

　この姿は昔の旅人の姿になります。手に持たせる数珠とは1cm程度の珠を108個括(くく)ったもので、お釈迦様が生活に苦しむ人達を救うために修行の教えを説く道具として木の実で作ったことが始まりと言われ、数珠を持って仏様に念じていれば煩悩を取除き、功徳(くどく)を得るとされています。また、新しい筆で故人の唇を潤(うるお)すしきたりもあります。これには死者が生き返ることを願う気持ちと、あの世で乾きに苦しまないようにという願いが込められています。棺は、お釈迦様の姿に習って頭を北に向けて安置します。その姿とは、お釈迦様が煩悩や執着を断ち切って、あらゆるものから解放された境地になった時の姿と言われています。よって、日常生活では頭を北に向けて寝ると、死を連想させるので縁起が良くないと言われています。

お葬式の前にお通夜という儀式があります。もともとお通夜は、故人の霊を慰め、別れを惜しんで親戚や故人と親しい人が集まり、一晩中灯りをともし、お線香をともすといったものでした。現在では告別式に参列できない弔問客をお通夜でも迎え入れるようになっています。お通夜でもお葬式でも、僧侶によりお経が読まれ、その間に参列者は'お焼香'をします。お焼香は仏教のお葬式では宗派を問わずにある儀式のひとつで、お香で自分を清め、故人を供養(くよう)します。

お焼香の仕方は、抹香(まっこう)を指でつまみ、そのまま目の高さに上げると同時に、軽く頭を下げ、目を閉じて追悼(ついとう)します。そして抹香を香炉(こうろ)に落とします。この動作を2回繰り返します。

遺影を仰ぎ、合掌礼拝か黙礼します。　　右手で香を適量つまみます。　　額のあたりまで押しいただきます。　　香炉に静かにくべます。　　数珠を手にして合掌礼拝します。

お焼香の一般的な仕方

　お葬式が終了すると、出棺です。遺族は故人と最後の対面をし、一人一人順番にこぶし大の大きさの石で、棺の蓋を閉める杭を2回打ちます。これは無事に三途の川を渡り、あの世へたどり着けるようにとの願いを込めた習慣です。参列者は出棺の車が会場を去るのを最後に手を合わせて追悼し、故人を見送ります。日本では死者は火葬により荼毘に付されます。僧侶による読経、焼香に続いて家族、親戚、故人と縁の深い人達が焼香、合掌をし、火葬されます。その後、お骨は骨壷(こつつぼ)に納められ墓地に埋葬されます。

제6과

일본인의 생활 Ⅱ

Clip >>>> 1

1 들어가기

학습내용

▌일본 설(お正月)의 福袋
▌관련된 단어와 표현

학습목표

▌「初売りが様変わり」의 영상을 통해 일본 설의 福袋를 이해할 수 있다.
▌관련된 단어와 표현을 익혀 활용할 수 있다.

2 영상보기

▶ メディアⅠ 「初売りが様変わり」

문제 今年の松屋銀座での福袋販売方法はどのように変わりましたか?

해답 抽選で当たった人だけが購入できる方法に変わる。

3 단어학습

□	初売り	はつうり	첫 판매
□	感染防止策	かんせんぼうしさく	감염방지책
□	福袋	ふくぶくろ	복주머니. 속에 여러가지 물건을 넣고 봉해서 여흥 등에서 각자에게 골라 가지게 만든 것

□	様変わり	さまがわり	모양이 바뀜
□	例年	れいねん	예년
□	直後	ちょくご	직후
□	殺到する	さっとうする	쇄도하다
□	抽選	ちゅうせん	추첨
□	売り切れる	うりきれる	다 팔리다
□	混雑	こんざつ	혼잡
□	設ける	もうける	마련하다. 설치하다
□	受け取る	うけとる	건네 받다
□	売り上げ	うりあげ	매상
□	落ち込む	おちこむ	빠지다. 떨어지다
□	見込む	みこむ	기대하다. 예상하다

4 해설강의

일본어

　東京では、今日、多くの百貨店などで初売りが始まりました。新型コロナウイルスの感染防止策のため、福袋の販売方法も大きく様変わりしています。

「例年だと開店直後にこちらのお店福袋に人が殺到するのですが、今年は抽選販売のため、静かなスタートとなりました。」

　松屋銀座で去年わずか30秒で売り切れた10万円相当の福袋は、今年は抽選で当たった人だけが購入できます。また、混雑を避けるため福袋の特設会場を設けたほか、インターーネットで予約した人が受け取る専用のカウンターを設置しました。新型コロナの影響で百貨店の売り上げは落ち込んでいますが、初売りは1年間で最も売り上げが高く、今年は去年の9割の売り上げを見込んでいます。

テレ朝newsによる

동경에서는 오늘 많은 백화점 등에서 첫 판매가 시작되었습니다. 코로나 감염방지책을 위해 후쿠부쿠로(福袋) 판매방법도 크게 모양이 바뀌고 있습니다.

「예년이라면 개점 직후에 이 쪽 후쿠부쿠로 가게로 사람들이 쇄도합니다만 올해는 추첨판매이기 때문에 조용한 스타트입니다.」

마츠야 긴자에서는 작년 겨우 30초만에 팔린 10만엔 상당의 후쿠부쿠로가, 올해는 추첨에 당선된 사람만 구입할 수 있습니다. 또 혼잡을 피하기 위하여 후쿠부쿠로 특설회장을 마련한 것 외에 인터넷으로 예약한 사람이 찾을 수 있는 전용카운터도 설치했습니다. 코로나의 영향으로 백화점의 매상이 떨어지고 있습니다만, 첫 판매는 1년 중 가장 매상이 높아 올 해는 작년의 9할 매상을 예상하고 있습니다.

5 표현학습

動詞た形 ＋ほか：~한 것 외에

例 混雑を避けるため福袋の特設会場を設けたほか、インターネットで予約した人が受け取る専用のカウンターを設置しました。

혼잡을 피하기 위하여 후쿠부쿠로 특설회장을 마련한 것 외에 인터넷으로 예약한 사람이 찾을 수 있는 전용카운터도 설치했습니다.

문제 다음 한국어에 알맞게 일본어로 작문해 보시오.

① 이번 개선으로 인해 시스템 문제를 해소한 것 외에 보안기능도 강화되었다.

▶ _____

_____

答 今回の改善で、システム上の問題が解消したほか、セキュリティ機能も強化された。

② 사장은 객실을 모두 독실로 한 것 외에 펫을 데리고 들어올 수 있는 방도 늘렸다.

▶ _____

答 社長は、客室を全て個室化したほか、ペットを持ち込める部屋も増やした。

6 정리하기

▎일본 설(お正月)의 福袋

▎관련된 단어와 표현

Clip >>>> 2

1 들어가기

학습내용

▌ 일본인의 成人式
▌ 관련된 단어와 표현

학습목표

▌「渋谷区成人式」의 영상을 통해 일본인의 成人式의 한 단면을 이해할 수 있다.
▌ 관련된 단어와 표현을 익혀 활용할 수 있다.

2 영상보기

▶ メディアⅡ「渋谷区成人式」

[문제] 今回、渋谷区では成人式にイベントとして何を企画しましたか。
[해답] ファッションショー

3 단어학습

	密着する	みっちゃくする	밀착하다
	貢献する	こうけんする	공헌하다
	成人式	せいじんしき	성인식
	振袖	ふりそで	겨드랑이 밑을 터 놓은 긴 소매 옷

☐	題材	だいざい	소재
☐	公募	こうぼ	공모
☐	服飾品	ふくしょくひん	액세서리
☐	混ざる	まざる	섞이다
☐	貸し出し	かしだし	대출
☐	衣装	いしょう	의상
☐	沿う	そう	따르다. 어떤 방침대로 행동하다
☐	組み合わせ	くみあわせ	짜 맞춤. 조를 짬. 조합
☐	衣装合わせ	いしょうあわせ	의상 맞춰보기
☐	近付ける	ちかづける	가까이하다. 비슷하게 하다
☐	結構	けっこう	그런대로, 제법, 충분히

4 해설강의

일본어

成人の日の昨日、都内各地で成人式が開かれました。その中で、渋谷区は地域の特性を生かしたイベントを企画しました。このイベントに密着しました。

「久しぶり！変わってない！変わってない！」

渋谷区ではおよそ1400人が新成人となりました。

「社会に貢献したいと思います」

「尊敬されるような大人になりたいです」

「感謝の気持ちでいっぱいです」

そんな渋谷区の成人式。

振袖を着た新成人の視線の先には、ファッションモデル。

渋谷区は今年、成人式のイベントとしてファッションショーを企画しました。

題材は「20歳の今、思う事」

公募で集まった新成人4人がファッションで思いを表現します。

ブランドショップが集まる、ファッションの街、渋谷。

そんな渋谷区らしさを出したいと企画されたのがファッションショーでした。

イベントには区内のファッションブランドなどが協力し、服飾品を貸し出しました。

参加者の一人、森麻美(もりまみ)さん。森さんはレディース＆ガールズをコンセプトにします。

「今、二十歳って考えたときに、大人なんだけど、まだ子供の部分が混ざっているっていうのを上

手く表現できたらいいなと」

もう一人の参加者、志村史佳(しむらふみか)さんは、今の自分を表現。

「今ディズニー大好きなんで、それで、なんかディズニーっぽい衣装を考えていきたいと思ってます」

イメージに沿った服を借りて実際にモデルに着てもらう組み合わせを考えます。

新年を迎え、モデルとの衣装合わせの日、大人と子供を表現する森さん。

こういうジャケットで、ちょっと大人っぽく見せて、こういうチュールのふわふわしたやつを子供っぽく見せて。まず、この企画を勧めてもらったのが母親だったので、やっぱ家族には応援してもらっているので、いまできることを精いっぱいできたらいいなと思ってます。

ディズニー好きの志村さんもイメージに近づけて行きます。

「やっぱり好きな人って結構多いと思うので、ちょっと楽しんでもらえればいいなとは思いました」

TOKYO MXによる

한국어 역

성인의 날이었던 어제, 도내 각지에서 성인식이 열렸습니다. 그 중에서 시부야 구에서는 지역의 특성을 살린 이벤트를 기획했습니다. 이 이벤트를 밀착(취재)했습니다.

[오래간만이네. 안 변했네, 하나도]
시부야 구에서는 약 1400명이 새롭게 성인이 되었습니다.

[시회에 공헌하고 싶다고 생각합니다]

[존경 받는 어른이 되고 싶습니다]

[감사의 마음뿐입니다]

이러한 시부야 구의 성인식. 후리소데[미혼 여성의 예복]를 입은 성인들의 시선 끝에는 패션모델. 시부야 구는 올 해 성인식 이벤트로서 패션쇼를 기획했습니다.

테마는 [스무살인 지금 생각하는 것]

공모로 모인 새롭게 성인이 되는 4명이 패션쇼에서 (자신의) 생각을 표현합니다.

브랜드 숍이 모인 패션의 거리, 시부야.

그러한 시부야구다움을 표출하고 싶다고 해서 기획된 것이 패션쇼였습니다.

이벤트에는 구내 패션브랜드 등이 협력하여 액세서리를 빌려 주었습니다.

참가자 중의 한명인 모리 마미씨. 모리 씨는 레디스 앤 걸스를 컨셉으로 합니다.

[지금 스무 살이라고 생각했을 때에, 어른이지만 아직 아이의 부분이 섞여있다고 하는 것을 잘 표현할 수 있었으면 좋겠다고 (생각합니다)]

또 다른 한 명의 참가자, 시무라 후미카 씨는 지금의 자신을 표현.

[지금 디즈니 너무 좋아하기 때문에, 그래서, 왠지 디즈니 같은 의상을 구상해 가고 싶다고 생각하고 있습니다]

이미지에 맞는 옷을 빌려 실제로 모델에게 입혀본다는 식을 생각하고 있습니다.

새해를 맞이하여 모델과 의상을 맞춰보는 날, 어른과 아이를 표현하는 모리 씨.

[이러한 자켓으로 조금은 어른스럽게 보이게 하고, 이러한 tulle의 푹신푹신한 것을 아이처럼 보이게 하지요. 우선 이 기획을 권하셨던 것이 엄마였기 때문에 역시 가족에게 응원을 받고 있고, 지금 할 수 있는 것을 열심히 할 수 있으면 좋겠다고 생각하고 있습니다]

디즈니를 좋아하는 시무라 씨도 이미지에 접근해 갑니다.

[역시 좋아하는 사람이 꽤 많으리라 생각해서, 어느 정도 즐겨주셨으면 좋겠다고는 생각했습니다]

5 표현학습

■ N+に沿った+N ： N에 따른 N

例 イメージに沿った服を借りて実際にモデルに着てもらう。
　　이미지에 따른 옷을 빌려 실제로 모델에게 입게 한다.

문제 다음 한국어에 알맞게 일본어로 작문해 보시오.

① 친구는 본문 내용에 맞는 타이틀을 붙여 주었다.

▶ _____

[答] 友達は本文の内容に沿ったタイトルをつけてくれた。

② 수상의 발언은 문부과학성의 방침에 따른 내용이다.

▶ _____

[答] 首相の発言は文部科学省の方針に沿った内容である。

---

6 정리하기

▎ 일본인의 成人式
▎ 관련된 단어와 표현

제6과

Clip >>>> 3

1 들어가기

학습내용

▌ 일본의 연중행사 節分
▌ 관련된 단어와 표현

학습목표

▌「節分」관련 영상을 통한 일본의 연중행사를 이해할 수 있다.
▌ 관련된 단어와 표현을 익혀 활용할 수 있다.

2 영상보기

▶ メディアⅢ「節分」

[문제] 豆まきはどんな儀式に基づいたものですか?

[해답] ツイナ(追儺)

3 단어학습

□ 節分	せつぶん	절분 (입춘 전날:2월 3-4일경)
□ 撒く	まく	뿌리다
□ 風習	ふうしゅう	풍습
□ 邪気	じゃき	사악한 기운

□	払う	はらう	쫓아 버리다
□	分かれ目	わかれめ	갈리는 곳. 경계
□	立春	りっしゅん	입춘
□	寺社	じしゃ	신사와 절
□	追儺	ついな	입춘 전날 밤 볶은 콩을 집 안에 뿌려서 악귀를 내쫓는 행사
□	方相氏	ほうそうし	방상씨 (고대 중국 전승에 등장하는 귀신)
□	追い払う	おいはらう	쫓아버리다. 내쫓다
□	儀式	ぎしき	의식
□	穀物	こくもつ	곡물
□	霊力	れいりょく	영력
□	縁起	えんぎ	재수. 운수

4 해설강의

일본어

なぜ、2月3日？ 節分に豆をまく理由

　2月3日は節分。「鬼は～外。福は～内」と豆をまいたり、歳の数だけ豆を食べるなど、様々な風習があります。邪気を払い、新しい年の福を願うものとされている節分行事。でも、なぜ豆をまくのでしょうか。

　節分とは、季節の分かれ目の意味で、立春、立夏、立秋、立冬のそれぞれ、前日のことを指しました。その後、立春が一年のはじまりとして重要視され、節分といえば立春の前日のことを指すようになりました。節分行事のルーツは平安時代のツイナという宮中行事。京都の寺社では鬼払い役の方相氏（ホウソウシ）が暴れまわる鬼を追い払うという、古式にのっとった形で今も儀式が行われているところもあります。節分といえば、「鬼は～外、福は～内」といって豆をまくイメージがありますが、豆まきは追儺（ツイナ）の儀式の基づいたもので、始まりは室町時代以降といわれ、その後、庶民にも広まりました。豆をまく理由は、魔の目を打つ、魔を滅するに通じるから、という説があります。ま

た、穀物には、邪気を払う力があると考えられており、豆の霊力で邪気を払うという意味もあるそうです。節分には自分の歳の数だけ豆を食べると、一年間健康でいられると言われていますが、炒った豆を使う理由は、生の豆を拾い忘れた場合に芽がでると縁起が悪いなどの説があるようです。

Tomonews Japanによる

한국어 역

콩 뿌리기

왜 2월 3일? 절분(입춘 전날: 2월 3~4일경)에 콩을 뿌리는 이유.

2월 3일은 절분(입춘 전날: 2월 3~4일경). 「도깨비는 밖, 복은 안!」하고 콩을 뿌린다든지 나이 수만큼 콩을 먹는 등, 여러가지 풍습이 있습니다. 사악한 기운을 쫓아버리고, 신년의 복을 바라는 것으로 되어있는 절분행사. 하지만 왜 콩을 뿌리는 걸까요.

절분이라는 것은 계절이 바뀌는 부분의 의미로, 입춘, 입하, 입추, 입동 각각의 전 날을 가리켰습니다. 그 후 입춘이 일년의 시작으로서 중요시되어 절분이라고 하면 입춘 전 날을 가리키게 되었습니다. 절분 행사의 루트는 헤이안시대 ツイナ(쯔이나: 입춘 전날 밤 볶은 콩을 집 안에 뿌려서 악귀를 내쫓는 행사)라고 하는 궁중행사. 교토의 절이나 신사에서는 도깨비 내쫓는 역인 방상씨(고대 중국 전승에 등장하는 귀신)가 몹시 난폭하게 구는 도깨비를 쫓는다고 하는 옛 식에 의거한 형태로 지금도 의식이 행해지는 곳도 있습니다. 절분이라고 하면 「도깨비는 밖, 복은 안」이라고 하고 콩을 뿌리는 이미지가 있습니다만 콩 뿌리기는 쯔이나의 의식에 근거한 것으로 시작은 무로마치시대 이후로 알려졌으나 그 후 서민에게도 확산되었습니다. 콩을 뿌리는 이유는 악귀의 눈을 치고 악귀를 멸하는 것과 통하기 때문에 라고 하는 설이 있습니다. 또 곡물에는 사악한 기운을 쫓는 힘이 있다고 생각되어져 콩의 영력으로 나쁜 기운을 떨쳐버린다고 하는 의미도 있다고 합니다. 절분에는 자신의 나이 수 만큼 콩을 먹으면 1년간 건강하게 있을 수 있다고 이야기 되고 있습니다만 볶은 콩을 사용하는 이유는 날 콩을 주워 잃어버렸을 경우에 싹이 나면 재수가 없다는 등의 설이 있는 것 같습니다.

---

5 표현학습

縁起が悪い : 재수가 없다. 운이 없다. 불길하다

> [例] 炒った豆を使う理由は、生の豆を拾い忘れた場合に芽がでると縁起が悪いなどの説があるようです。
>
> 볶은 콩을 사용하는 이유는 날 콩을 주워 잃어버렸을 경우에 싹이 나면 재수가 없다는 등의 설이 있는 것 같습니다.

문제 다음 한국어에 알맞게 일본어로 작문해 보시오.

① 이 숫자는 왜 재수가 없는 것인지 이유를 모르겠습니다.

▶ _____

答 この数字はなぜ縁起が悪いのか理由がわかりません。

② 재수가 없는 선물도 있으니 조심해 주세요.

▶ _____

答 縁起の悪い贈り物もあるから気を付けてください。

---

6 ▼ 정리하기

▌ 일본의 연중행사 節分
▌ 관련된 단어와 표현

Clip >>>> 4

1 들어가기

학습내용

▮ 浅草의 浅草寺에서 열리는 「ほおずき市」

▮ 관련된 단어와 표현

학습목표

▮ 浅草의 浅草寺에서 열리는 「ほおずき市」의 영상을 통한 일본인의 생활을 이해할 수 있다.

▮ 관련된 단어와 표현을 익혀 활용할 수 있다.

2 영상보기

▶ メディアⅣ 「ほおずき市」

문제 浅草の浅草寺で、ほおずきを売るようになったのはいつからですか?

해답 江戸時代。

3 단어학습

	浅草	あさくさ	아사쿠사 (지명)
	風物詩	ふうぶつし	풍물시
	酸漿	ほおずき	꽈리

□	功徳	くどく	공덕
□	御利益	ごりやく	부처 등이 인간에게 주는 은혜
□	暑気払い	しょきばらい	피서
□	薬効	やっこう	약효
□	境内	けいだい	(절의) 경내
□	よしず張り	よしずばり	갈대발을 침
□	露店	ろてん	노점
□	天候不順	てんこうふじゅん	기후 불순
□	色付く	いろづく	물들다. 색을 띄게 되다
□	風鈴	ふうりん	풍경
□	涼	りょう	서늘함. 시원함
□	人出	ひとで	인파

4 해설강의

일본어

　東京、浅草の浅草寺で、夏の風物詩、ほおずき市が始まりました。昔から7月9日、10日、功徳の日にお参りすると、四万六千日間、お参りした御利益があるとされています。この日に合わせて、江戸時代から暑気払いの薬効があると言われる、ほおずきを売るようになったと伝えられています。浅草寺の境内には早朝から多くのよしず張りの露店がならび、鮮やかな朱色のほおずきが店先にびっしりと並びました。今年は天候不順で出来が心配されていましたが、色付きは上々とのことです。風鈴が涼を告げる中、売り子たちの威勢のいい掛け声が響き渡り、訪れた人々は足を止めていました。ほおずき市は2日間で60万人の人出が見込まれています。

ANN NEWSによる

　　도쿄 아사쿠사의 센소사에서 여름의 풍물시인 꽈리시장이 섰습니다. 옛부터 7월 9일, 10일, 공덕이 있는 날에 참배를 하면 4만 6천일 간 참배를 한 부처님의 은혜가 있다고 합니다. 이 날에 맞추어 에도 시대부터 더운 기운을 쫓아내는 데 약효가 있다고 알려진 꽈리를 팔게 되었다고 전해지고 있습니다. 센소사의 경내에는 아침 일찍부터 많은 갈대발을 친 노점이 늘어서 선명한 자주색 꽈리가 가게 앞에 빽빽히 늘어섰습니다. 올 해는 기후불순으로 작황이 걱정되었습니다만 색깔은 더할 나위 없이 좋다고 합니다. 풍경이 시원함을 알리는 가운데 파는 사람들의 위세 있는 목소리가 울려 퍼지고 찾아 온 사람들의 발길을 멈추게 하고 있습니다. 꽈리시장은 2일간 60만 명의 인파를 예상하고 있습니다.

5　표현학습

■ **見込まれる** : 예상되다. 기대되다

　　例　ほおずき市は2日間で60万人の人出が見込まれています。

　　　　꽈리시장은 2일간 60만명의 인파를 예상하고 있습니다.

문제　다음 한국어에 알맞게 일본어로 작문해 보시오.

① 이것은 연간 약 13만엔의 삭감효과가 예상된다.

▶ _____

　　答　これは年間約13万円の削減効果が見込まれる。

② 투표일에 사정으로 인해 투표할 수 없다고 예상되는 사람은 부재자 투표를 해 주십시오.

▶ _____

　　答　投票日に都合で投票できないと見込まれる方は不在者投票をしてください。

6　정리하기

▎浅草의 浅草寺에서 열리는 「ほおずき市」

▎관련된 단어와 표현

変わり種福袋が人気のワケ

　お正月の風物詩と言えば、福袋。買って開けてみるまで、中身が分からないのが福袋の醍醐味のはずだった。しかし近頃は様変わりしている。

　「福袋では確実に得をしたい。また、自分が本当に欲しいものでなければ、購入したくない人が増えている」。高島屋の売り場担当者は言う。

　しかも最近では購入者がインターネット上で福袋の中身を公開している掲示板が複数存在し、こうした掲示板を入念にチェックする消費者が増えてきた。既に福袋の中身はネタばれ、つまり"公然の秘密"となっている。

　それならばと、事前に福袋の中身をお客自身が選ぶことができる商品が増えている。その代表的な商品と言えるのが、高島屋が販売する福袋、「コートプラス」だ。

　この商品は男性用1万5000円、女性用1万円で、複数の種類から自分の好きなコートと雑貨を選べる。しかも、12月8日から店内に売り場が設けられているため、新年を待たずして、ゆっくりと試着もできる。 [사진1]

[사진1] 高島屋で発売された福袋、「コートプラス」。12月初旬から売り場が設けられた。（写真：丸毛 透）
http://business.nikkeibp.co.jp/article/topics/20101228/217764/?P=1

以前は福袋というと、売れ残りの商品を詰めただけというものも多かったが、このコートプラスは福袋専用に担当者が買い付けた商品ばかり。通常で購入すれば4万円から5万円程度の価格になるという。発売後数日で既に売り切れのタイプが出てくるなど、売れ行きは上々だ。

　こうした公開型の商品とともに、人気を得ているのが体験型の福袋だ。
　「リーマンショック前は『自分の主演映画を撮影する権利とその試写会、パーティー』で1億円や『宇宙弾道飛行体験ツアー』で2000万円など、高額商品が話題になっていた。だが、今は誰でも手が伸ばせる安価な商品が多い」
　ネット上で「福袋総合案内板」という掲示板を運営し、数年間にわたって福袋を観察し続けた吉田涼氏は言う。

　とりわけ注目が集まったのが、やはり東京の新名物「スカイツリー」だ。東武百貨店では東武鉄道と共同で、スカイツリーの工事現場を見学できるという商品を用意。価格は新年にちなみ、2011円。抽選で参加者を選ぶが、「工事現場は今しか見ることができないため、競争率は高くなるはず」という。
　さらに、ツイッターやブログなどで、いかに話題を呼ぶかが福袋商戦で成功を収めるための重要なポイントだ。 사진2

[사진2] 2012年春に開業した東京スカイツリー（建設中だった頃の写真）。
http://blogs.yahoo.co.jp/kotakemol04/62040933.html

つい誰かに教えたくなってしまう、ユニークな福袋が注目を集めている。その1つが雑貨専門店「ヴィレッジヴァンガード」の「不幸袋」。

　13種類が用意され、ネット上で予約販売されている。1000円から7000円代の商品が販売され、中身は「ほとんど凶ばかりのおみくじ」やあまりかわいくないぬいぐるみなど、実用的ではないが話題性のある商品ばかり。既に売り切れが目立つ。 사진3

[사진3] ヴィレッジヴァンガードが販売した
「福袋」ならぬ「不幸袋」。

　目の肥えた消費者を相手にする福袋商戦は厳しくなるばかり。一方、百貨店をはじめとして各店舗、福袋が販売される正月時は最大の稼ぎ時でもあり、その後の販売動向を左右しかねない。消費者が納得できる値段や質の商品を用意するか、はたまた福袋ならではのユニークさを追求するか。正月を前に、福袋商戦はその戦いの幕が切って落とされた。

「日経ビジネス 2011年1月3日号56ページ　飯泉梓」より

出典：http://business.nikkeibp.co.jp/article/topics/20101228/217764/?P=1

제7과

일본의 과학

Clip >>>> 1

1 들어가기

학습내용

▎「スマート電池くん試験走行」의 영상을 통한 일본의 과학기술

▎관련된 단어와 표현

학습목표

▎「スマート電池くん試験走行」의 영상을 통한 일본의 과학기술을 이해할 수 있다.

▎관련된 단어와 표현을 익혀 활용할 수 있다.

2 영상보기

▶ メディアⅠ「スマート電池くん. 試験走行」

[문제] JR東日本で、スマート電池くんを作った理由は何ですか?

[해답] 列車の排気ガスを削減するために。

3 단어학습

□ 列車	れっしゃ	열차
□ 排気ガス	はいきガス	배기가스
□ 削減する	さくげんする	삭감하다
□ 電池	でんち	전지

□	本格的だ	ほんかくてきだ	본격적이다
□	試験走行	しけんそうこう	시험주행
□	在来線	ざいらいせん	재래선
□	軽油	けいゆ	경유
□	燃料	ねんりょう	연료
□	運行する	うんこうする	운행하다
□	配置する	はいちする	배치하다
□	充電	じゅうでん	충전
□	区間	くかん	구간
□	工夫	くふう	궁리, 고안
□	改良する	かいりょうする	개량하다

4 해설강의

일본어

JR東日本は列車の排気ガスを削減するため電池で動く列車スマート電池くんの本格的な試験走行を始めました。

JR東日本では、在来線のおよそ30％が軽油を燃料とするディーゼル列車で運行しています。これらの列車から出る排気ガス削減などのため2008年から電池で動く列車の開発をすすめてきました。今日試験走行したスマート電池くんは、座席の下にバッテリを配置していて、一回の充電で20km以上の走行が可能ということです。

JR東日本は、今後、より長い区間を走れるようにする工夫やコスト削減など実用化に向け改良していくことにしています。

ANN NEWSによる

한국어 역

JR 히가시닛폰은 열차의 배기가스를 삭감하기 위해 전지로 움직이는 열차 스마트 전지군의 본격적인 시험주행을 시작했습니다.

　　JR 히가시닛폰에서는 재래선의 거의 30%가 경유를 연료로 하는 디젤열차로 운행하고 있습니다. 이러한 열차로부터 나오는 배기가스 삭감 등을 위해 2008년부터 전지로 움직이는 열차개발을 진행시켜 왔습니다. 오늘 시험 주행한 스마트 전지군은 좌석 밑에 밧데리를 배치하고 있어서 한 번 충전으로 20km 이상의 주행이 가능하다고 하는 것입니다.

　　JR 히가시닛폰은 금후 보다 긴 구간을 달릴 수 있도록 하는 궁리(노력)이나 코스트 삭감 등 실용화를 위해서 개량해 가기로 하고 있습니다.

5　표현학습

> ■ ~ようにする : ~도록 하다. (행위나 상황을 성립시키는 것을 목표로 해서 노력하다/마음 쓰다/배려하다는 뜻)
>
> 例 より長い区間を走れるようにする工夫。
>
> 　　보다 긴 구간을 달릴 수 있도록 하는 궁리(노력).

問題 다음 한국어에 알맞게 일본어로 작문해 보시오.

① 이 곳은 어른들도 즐길 수 있도록 한 유원지입니다.

▶ _____

答 ここは大人も楽しめるようにした遊園地です。

② 나는 컴퓨터에서 기호를 간단히 입력하도록 하는 방법을 배웠다.

▶ _____

答 私はコンピューターで記号を簡単に入力できるようにする方法をならった。

6　정리하기

■「スマート電池くん試験走行」의 영상을 통한 일본의 과학기술

■ 관련된 단어와 표현

Clip >>>> 2

1 들어가기

학습내용

▌「柔軟な働き方　テレワーク」의 영상을 통한 일본의 정보기술

▌관련된 단어와 표현

학습목표

▌「柔軟な働き方　テレワーク」의 영상을 통한 일본의 정보기술을 이해할 수 있다.

▌관련된 단어와 표현을 익혀 활용할 수 있다.

2 영상보기

▶ メディアⅡ「柔軟な働き方　テレワーク」

문제 テレワークとは何ですか?

해답 ネットワークやパソコンを使った在宅勤務のこと。

3 단어학습

□	**在宅勤務**	ざいたくきんむ	재택근무
□	**後押し**	あとおし	뒤에서 밂, 후원, 선동
□	**環境**	かんきょう	환경
□	**操作**	そうさ	조작

☐	電力不足	でんりょくぶそく	전력부족
☐	節約	せつやく	절약
☐	震災	しんさい	지진재해
☐	締め切り	しめきり	마감
☐	納品	のうひん	납품
☐	原発	げんぱつ	원자력발전소
☐	放射線	ほうしゃせん	방사선
☐	失う	うしなう	잃다
☐	魅力	みりょく	매력
☐	実践者	じっせんしゃ	실천자
☐	印象	いんしょう	인상

4 해설강의

일본어

「今回はテレワークがテーマですが、ネットワークやパソコンを使った在宅勤務のことですよね。」

「そうですよね。最近は、ええ、PCとか、ま、専用のソフトとか、ええ、インターネットが発達してきて、これを後押ししているわけですね。会社のパソコンとまったく同じデスクトップ環境をですね、ま、おなじ画面を、家から操作できたりするようになってきているんですよね。今年の夏に関していうと、電力不足ということが問題になっていて、特にエネルギーを節約するということで、まあ、注目されているんですね。」

　福島県いわき市でテレワーク事業を行っている会田(あいだ)さんにお話を伺いました。

「本当に震災の、あの、期間中でも、ええ、仕事を、あの、中断することなく、お客様が、ええ、ま、要求している締め切りにちゃんと納品をすることができ

たと。こういうことが一つありました。二つ目は、ま、わたくし福島なんですが、ええ、原発の、ま、放射線の問題もありまして、なかなかその、ええ、小さいお子さんを持っているおかあさん方は、ええ、いままで住んでたところで住めないということで、ほかの県に行かれたりしているわけですけれども、あの、まあ、すむ場所を移してもですね、仕事をそのまま持ってて、ええ、仕事を継続してもらうということができて、会社側でもお客様に迷惑をかけない継続という点と、それから個人も仕事をもう失うんじゃなくて、前にすすむ継続という、この二つの継続が、すごくテレワークの魅力につながるんじゃないかなあと、こんなふうに思っております。そんなに特別な働き方じゃないんだけど、だけど普通に自分が幸せにその地域で暮らして仕事をする上で、あの、非常に、こう、役にたつツールだというふう、その程度にとらえてもらえれば、あの、誰もがテレワークをして、その、テレワークの実践者というテレワーカーになれば、あの、いいんだろうと思うんですけれど、ようやくそれが始まるのかなという、そんな印象ですかね。うん」

Tokyo IT News betaによる

한국어 역

[이번에는 텔레워크가 테마입니다만 넷트 워크나 개인 컴퓨터를 이용한 재택근무를 말하지요]

[그렇지요. 최근에는 PC라든가 전용 소프트, 인터넷이 발달해서 이것을 뒷받침하고 있는 것이죠. 회사의 개인 컴퓨터와 완전히 같은 데스크 톱 환경을 말입니다, 같은 화면을 집에서 조작할 수 있도록 하고 있는 것이죠. 올 해 여름에 대해서 말씀 드리자면, 전력부족이라는 것이 문제가 되어서 특히 에너지를 절약한다고 하는 것으로 주목 받고 있지요.]

후쿠시마현 이와키시에서 텔레워크 사업을 하고 있는 아이다상에게서 이야기를 들어보았습니다.

[정말 지진에 의한 재해 기간 중에도 일을 중단하지 않고 손님이 요구하고 있는 마감날까지 확실하게 납품을 할 수 있었다고 하는 이런 것이 하나 있었습니다. 두번 째는 제가 후쿠시마 출신입니다만 원자력 발전 방사선 문제도 있어서 좀처럼 어린 아이가 있는 어머니들은, 지금까지 살고 있던 곳에서 살 수 없어서 다른 현으로 가게 된다든지 하고 있습니다만, 살 장소를 옮기더라도 일을 그대로 가지고 있어서 일을 계속할 수 있어서, 회사측에서도 손님에게 폐를 끼치지 않고 계속할 수 있다는 점과, 개인도 일을 잃어버리는 것이 아니라 앞으로 계속 나아갈 수 있다고 하는, 이 두 가지가 텔레워크의 매력으로 연결되는 것은 아닌가, 이렇게 생각하고 있습니다. 그렇게 특별한 일의 방법은 아니지만 일반적으로 자신이 행복하게 그 지역에서 살면서 일을 하는 가운데 정말로 도움이 되는 수단이라고 말이에요, 그 정도로 취급해 준다면, 누구나가 텔레워크를 해서 텔레워크의 실천자라고 하는 텔레워커가 되면 좋겠다고 생각합니다만, 드디어 그것이 시작되는구나 하는 그런 인상이라고 할까요. 음.]

> ▌後押し : 뒤에서 밂, 후원, 선동
>
> 例 インターネットが発達してきて、これを後押ししているわけですね。
>
> 인터넷이 발달되어서 이것을 뒤에서 밀고 있는 것이죠.

문제 다음 한국어에 알맞게 일본어로 작문해 보시오.

① 큰 소리로 후원하지.

▶ _____

答 大声で後押しするよ。

② 우리 팀을 응원군이 후원해 주었다.

▶ _____

答 うちのチームをサポーターが後押ししてくれた。

6 정리하기

▌「柔軟な働き方　テレワーク」의 영상을 통한 일본의 정보기술

▌관련된 단어와 표현

Clip >>>> 3

1 들어가기

학습내용

▌「ドローン」관련 영상을 통한 일본의 과학기술

▌관련된 단어와 표현

학습목표

▌「ドローン」관련 영상을 통한 일본의 과학기술을 이해할 수 있다.

▌관련된 단어와 표현을 익혀 활용할 수 있다.

2 영상보기

▶ メディアⅢ 「ドローン」

문제 　ドローンの最初の実験は何でしたか?

해답 　ショッピングモールで購入したワインを駐車場に運ぶこと。

3 단어학습

□ 実証実験	じっしょうじっけん	실증실험
□ 関連する	かんれんする	관련되다
□ 目的地	もくてきち	목적지
□ 飛行する	ひこうする	비행하다

☐	**仕組み**	しくみ	구조
☐	**購入**	こうにゅう	구입
☐	**想定**	そうてい	상정
☐	**離陸する**	りりくする	이륙하다
☐	**届ける**	とどける	닿게하다. 신고하다
☐	**着陸**	ちゃくりく	착륙
☐	**経路**	けいろ	경로
☐	**実用化**	じつようか	실용화
☐	**整備**	せいび	정비
☐	**検証**	けんしょう	검증
☐	**目指す**	めざす	목표로 하다

4 해설강의

일본어

　実証実験は、千葉市と国、それに関連する企業が行いました。ドローンはあらかじめ目的地やルートを設定して自動的に飛行する仕組みで、最初の実験はショッピングモールで購入したワインを駐車場に運ぶ想定です。

「大丈夫でした。大丈夫でした。」

「それでは離陸します。」

　続いては、薬を届ける実験。ドローンは10階建てのマンションの決められたポイントに着陸しました。

「食事のサービスとか、そういうのはね、期待したいんだ。」

「お薬とか簡単なものはね、届いたら、便利かなとおもっている。」

「経路中の、プライバシーの確保とか、その、ご近所さんが嫌がったりしないかなとこが、ちょっと、思いますけど…」

「理解の得られる形でなければ、実用化はできないというふうに思っております

のて、私たちは、責任をもって議論し、そして必要な整備等をしていきたいなと」

　千葉市などは安全性の検証や飛行ルールの検討などを進め、3年後の実用化を目指したいとしています。

ANN NEWSによる

한국어 역

　실증실험은 치바시와 국가, 게다가 관련된 기업에서 행해졌습니다. 드론은 미리 목적지나 루트를 설정해 자동적으로 비행하는 구조로 최초의 실험은 쇼핑몰에서 구입한 와인을 주차장으로 옮기는 것으로 상정했습니다.

「괜찮았습니다. 괜찮았어요.」

「그럼 이륙합니다.」

　다음은 약을 배달하는 실험. 드론은 10층 건물 맨션의 정해진 포인트 지점에 착륙했습니다.

「식사 서비스라든지 그런거 기대하고 싶습니다만」

「약이라든지 간단한 것이 배달된다면 편리할 것 같다고 생각하고 있어요.」

「경로 중의 프라이버시 확보라든지 이웃사람들이 싫어하지는 않을까 하는 점이 좀 걸린다고 생각합니다만」

「이해를 얻을 수 있는 형태가 아니면 실용화는 할 수 없다고 생각하고 있습니다. 그래서 저희들은 책임감을 가지고 상의하고 필요한 정비 등을 해 가고 싶다고 …」

　치바시 등에서는 안전성의 검증이나 비행 룰의 검토 등을 진행시켜 3년 후의 실용화를 목표로 하고 싶다고 생각하고 있습니다.

5　표현학습

■ 続いては～ : 다음은. 계속 이어서(접속사와 같이 이용. 어떤 일이 끝나 직후에 다음 일의 시작을 알리는 말)

　例 続いては、薬を届ける実験。

　　다음은 약을 배달하는 실험.

문제 다음 한국어에 알맞게 일본어로 작문해 보시오.

　① 다음은 해외의 화제를 알려 드리겠습니다.

　　 _____

[答] 続いては、海外の話題をお知らせします。

② 다음은 이 쪽입니다.

▶ _____

[答] 続いては、こちらです。

6 정리하기

▌「ドローン」관련 영상을 통한 일본의 과학기술
▌관련된 단어와 표현

제7과

Clip >>>> 4

1 들어가기

학습내용

┃「将棋 電王戦」의 영상을 통한 일본의 과학기술

┃ 관련된 단어와 표현

학습목표

┃「将棋 電王戦」의 영상을 통한 일본의 과학기술을 이해할 수 있다.

┃ 관련된 단어와 표현을 익혀 활용할 수 있다.

2 영상보기

▶ メディアⅣ「将棋　電王戦」

문제　電王戦第1局は誰が勝ちましたか？

해답　将棋ソフト「Ponanza」

3 단어학습

	騎士	きし	기사(바둑이나 장기)
	将棋	しょうぎ	장기
	電王戦	でんおうせん	도왕고가 주최하는 프로기사와 컴퓨터장기 소프트와의 비공식 기전

□	団体戦	だんたいせん	단체전
□	勝負	しょうぶ	승부
□	勝ち抜く	かちぬく	이기고 올라오다. 승리하다
□	対戦	たいせん	대전
□	第一局	だいいっきょく	제1국
□	対局	たいきょく	대국
□	凌ぐ	しのぐ	버티다
□	展開	てんかい	전개
□	形勢	けいせい	형세
□	投了	とうりょう	(바둑이나 장기에서) 한 쪽이 진 것을 자인하고 대국을 끝냄.
□	無難に	ぶなんに	무난하게
□	切り返す	きりかえす	되받아 치다. 되받아 공격하다

4 해설강의

일본어

　コンピューターとプロの騎士が対戦する将棋の「電王戦」は去年まで団体戦でしたが、今年から新たに1対1の二番勝負で行われることになりました。その、第一期となる今年の電王戦はコンピューターと人間、それぞれのトーナメントを勝ち抜いた、将棋ソフト「Ponanza」と山崎隆之八段との対戦となり、昨日から、岩手県平泉町で第一局が始まりました。対局は初日からponanzaが激しい攻めを見せ、山崎八段がしのぐ展開となり、二日目の今日も形勢は変わらず、山崎八段が85手までで投了し、ponanzaが勝ちました。対局後、敗れた山崎八段は「無難に指してもダメだと思って攻めたが、うまく切り返されてしまった。次の対局は対策を広く深くやって、いい将棋をお見せしたい」と話しました。電王戦第二局は大津市で来月21日から2日間にわたって行われます。

にこにこ動画による

컴퓨터와 프로기사가 대전하는 장기의 [전왕전]은 작년까지는 단체전이었으나 올 해부터는 새롭게 1대 1로 2선승제로 행해지게 되었습니다. 그 제 1기인 올 해의 전왕전은 컴퓨터와 인간, 각각 토너먼트에서 이기고 올라온 장기 소프트 [포난자]와 야마사키 다카유키 8단과의 대전이 이루어져 어제부터 이와테현 히라이즈미쵸에서 제1국이 시작되었습니다. 대국은 첫 날부터 포난자가 강한 공격을 보여 야마사키 8단이 막는 전개가 되었고, 2째 날인 오늘도 형세는 변함이 없이 야마사키 8단이 85수로 돌을 던져 포난자가 승리하였습니다. 대국 후 패한 야마사키 8단은 「무난하게 두면 안 된다고 생각해서 공격했습니다만 상대가 잘 되받아 쳤습니다. 다음 대국은 대책을 넓고 깊게 짜서 은 장기를 보여주고 싶다」고 말했습니다. 전왕전 제 2국은 오츠시에서 다음 달 21일부터 2일간에 걸쳐서 행해집니다.

5 표현학습

명사+にわたって : 명사+에 걸쳐

例 電王戦第二局は大津市で来月21日から2日間にわたって行われます。

전왕전 제 2국은 오츠시에서 다음 달 21일부터 2일간에 걸쳐서 행해집니다.

문제 다음 한국어에 알맞게 일본어로 작문해 보시오.

① 일년에 걸쳐서 수입금지가 계속되었다.

▶ _____

答 一年にわたって輸入禁止が続いた。

② 다음 달 10일부터 1주일간에 걸쳐 세계음악제가 열립니다.

▶ _____

答 来月十日から一週間にわたって世界音楽祭が開かれます。

6 정리하기

▌「将棋 電王戦」의 영상을 통한 일본의 과학기술
▌관련된 단어와 표현

広がるテレワーク　その背景は

國井昭男さん(情報通信総合研究所主任研究員)

　震災直後の混乱や、夏場の節電の際に在宅勤務を中心としたテレワークが普及したといわれています。ただそれは、あくまで一つのきっかけで、これまで課題とされてきた情報セキュリティーを担保するためのIT機器、あるいは遠隔操作をするためのIT機器、そういったものが技術革新によって確立されてきたという点が普及の後押しとなったと考えられます。

　また従来、テレワークというと、IT系の企業や外資系の企業が中心になって導入をしてきましたが、2、3年前ぐらいから流通企業やメーカーなど、いわゆる普通の日本企業でも普通に導入されるようになり、徐々にテレワークに対する抵抗感がなくなり、すそ野が広がってきていたという背景があるのではないかと思います。

テレワークで働き方はどう変わる

　現在、テレビ会議やテレビ電話といったようなIT機器を使って会議や打ち合わせといったフォーマルなコミュニケーションを保とうというような試みがたくさん行われています。またそれだけでなく、雑談や職場の雰囲気作り、愚痴といったいわゆるインフォーマルなコミュニケーションをどのように保っていくのかという問題をめぐり、多くの企業が頭を悩ませています。フェイスブックを使ったり、社内SNSを作ってみたり、あるいはテレワーカーを集めた飲み会をコーディネートしてみたりというような形でコミュニケーションを保とうと苦戦しているようです。

テレワークの問題点は

　日本のサラリーマンは非常に真面目に働く方が多いのでテレワークをすると比較的長い時間働くという傾向が出ています。今後は、テレワークで、自立的に仕事をさせたり、効

率的に仕事をさせたり、むだに長時間働かせないために、会社の側、上司の側のマネジメント能力が問われていくでしょう。

従来でしたら仕事を諦めざるをえなかった方々というのは、企業からすると戦力にはなりにくい方々だったかもしれません。しかし少子高齢化が進んで労働生産人口がこれからどんどん小さくなっていく中で、9時5時のフルタイムで、しかも一生この会社で働きますという人たちだけに頼っていては、企業が立ち行かなくなるという状況になってきました。

また市場の変化は激しいため、いつどんな人たちが必要になるかいうことは、企業にとっても、なかなか予測できません。ですから、今後は、いろんな働き方をする、多様な人たちをどういうふうに集めるかということが、企業にとって大切になってくると思います。いろいろなIT機器が普及したことによって、時間や場所にとらわれないで働くということも、ごくごく普通になってきました。そういった意味でも、テレワークはこれから重要になってくるのではないかと思います。

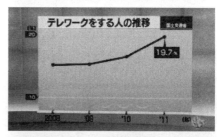

▌テレワーク　これからの課題

多様なニーズが企業の側にあり、多様な働き方をしたいという希望も働く人たちの間にあります。それらを時間と場所を超えてどのようにマッチングをしていくかというのが、これから問題となってくると思います。今後はこれをどのようにコーディネートするかという、コーディネーター役が重要になってくるでしょう。

現在は、5人に1人がテレワーカーという状況ですが、これが4人に1人、3人に1人と増えてきたとき、必ずしも企業に所属した上で、テレワークを行うという方々だけではなくなります。このあたりをどのようにコーディネートしていくのかという点が、企業の枠を超えてこれから社会全体として重要になっていくと思います。

出処 NHKクローズアップ現代　2012年3月8日（木）放送
『仕事は会社の外で〜広がるテレワーク〜』より
http://www.nhk.or.jp/gendai/kiroku/detail02_3172_all.html

일본의 의료

제8과

Clip 》》》》 1

1 들어가기

학습내용

▌「癌の三大療法について」의 영상을 통한 일본의 암치료
▌관련된 단어와 표현

학습목표

▌「癌の三大療法について」의 영상을 통해 일본의 암치료에 대한 내용을 이해할 수 있다.
▌관련된 단어와 표현을 익혀 활용할 수 있다.

2 영상보기

▶ メディアⅠ「 癌の三大療法について」

[문제] 映像の中で言っている癌の三大療法とは何ですか?

[해답] 手術、放射線、薬剤による治療法。

3 단어학습

	三大療法	さんだいりょうほう	삼대요법
	治療法	ちりょうほう	치료법
	手術	しゅじゅつ	수술

□ 放射線	ほうしゃせん	방사선
□ 化学療法	かがくりょうほう	화학요법
□ 薬剤	やくざい	약제
□ 切除する	せつじょする	절제하다
□ 乳癌	にゅうがん	유방암
□ 喪失感	そうしつかん	상실감
□ 損傷	そんしょう	손상
□ 副作用	ふくさよう	부작용
□ 吐き気	はきけ	구토
□ 催す	もよおす	개최하다, 느끼게 하다
□ 倦怠感	けんたいかん	권태감
□ 症状	しょうじょう	증상

4 해설강의

일본어

　癌の三大療法についてなんですけども、これは三つの大きな治療法という事になります。

　で、この三つというのは、まず手術、えー、切る事ですね。それから、えー、放射線、これを当てるという事。それから、えー、三番目が化学療法で、えー、これは薬剤、薬によるものです。

　そして、えー、これらは、えー、いかにもこれ以外の方法はないかのように言われているんですけども、えー、非常に大きなデメリットがあるというふうに言われています。

　つまり、えー、癌を切るということは、えー、そうですね。今ある自分の体の一部を切除するという事ですので、特に、えー、乳癌の女性なんかは、えー、自分の体の一部がとられることに対して、非常に大きな喪失感を感じます。そ

れから当然、その、えー、一部がなくなるわけですから、ま、正常な働きが一部損傷される。えー、自分の体というのは、基本的に全てがそろって体を形成しているわけですから、やはり一部といえども切り取るのは、非常に、ま、大きな問題がある。という事は、一つ言えると思います。

えー、その上で、放射線。放射線というのは非常に、えー、体力を奪ってしまうという事があります。これは、えー、私が担当した患者さんで言えば、えー、最短で放射線を当てたことによって、八日間くらい、8日くらいで亡くなったという例があります。えー、この方は体が寒いという事を非常に訴えておられました。そして、体がなんか動かなくなる、というふうに言われていて、それでもう、ドクターの方は、そのなんか痛みが関係しているかもしれないという事で、そういう推定のもとで、えー、その痛みをとるために、という事で放射線を当てたんですけど、痛みが消えても命を失ってしまっては、ま、なんの意味もないよ、という事を強く言いたいところですね。

それから、癌の化学療法ですね。この薬剤によるもの、これは非常に強い副作用がある、という事が言えると思います。副作用としては、例えば、え、代表的なのは、髪の毛が抜ける事。それから強い吐き気をもよおす。あとは倦怠感ですね。ええ、その他、もろもろいろんな症状があらわれるというふうにされています。

YouTubeによる

한국어 역

암의 3대요법에 대해서입니다만, 이것은 세 개의 커다란 치료법이라는 것이 됩니다.

그러면 이 세 개라는 것은, 우선 수술, 자르는 것이지요. 그리고 방사선, 이것을 쏘이게 하는 것, 그리고 세 번째가 화학요법인데, 이것은 약제, 약에 의한 것입니다.

그리고 이것들은 정말 이 이외의 방법은 없는 것처럼 말이 되어지고 있지만 무척 큰 단점이 있다고 알려져 있습니다.

다시 말해 암을 자른다고 하는 것은, 그렇죠, 지금 있는 자신 몸의 일부를 절제한다고 하는 것이어서 특히 유방암인 여성 등은 자신 몸의 일부가 잘려 나가는 것에 대해서, 무척 큰 상실감을 느낍니다. 그리고 당연히 일부가 없어지는 것이기 때문에 정상적인 기능이 일부 손상됩니다. 자신의 몸이라고 하는 것은 기본적으로 모든 것이 갖추어져 몸을 형성하고 있기 때문에 역시 일부라고 해도 절단하는 것은 무척 큰 문제가 있습니다. 이것 한 가지 말할 수 있다고 생각합니다.

　게다가 방사선. 방사선이라고 하는 것은 무척 체력을 빼앗아 가 버린다고 하는 것이 있습니다. 이것은 제가 담당한 환자를 들어 이야기한다면, 가장 짧게 방사선을 쏘인 것으로 해서 8일정도, 8일 정도에 돌아가신 예가 있습니다. 이 분은 몸이 차다고 하는 것을 꽤나 호소하셨습니다. 그리고 몸이 왠지 움직이지 않는다고 말씀하셔서, 그래서 의사는 그 고통이 어딘가에 관계하고 있는지도 모른다고 해서, 그러한 추정하에 그 고통을 없애기 위하여 방사선을 쏘이게 했는데 말입니다. 고통이 사라져도 목숨을 잃어버려서는 아무런 의미도 없다는 것을 강하게 말하고 싶은 점입니다.

　그리고 암의 화학요법이지요. 이 약제에 의한 것, 이것은 정말 심한 부작용이 있다는 것을 말할수 있다고 생각합니다. 부작용으로서는, 예를 들면, 대표적인 것은, 머리카락이 빠지는 것, 그리고 강한 구토 증상을 느끼는 것, 그 다음은 권태감이지요. 그 밖에 모든 여러가지 증상이 나타난다고 알려져 있습니다.

5　표현학습

■ つまり : (부사) 결국, 요컨데, 다시 말해서

　例　つまり、癌を切るということは、今ある自分の体の一部を切除するという事です。
　　　다시 말해서 암을 잘라낸다고 하는 것은 지금 있는 자신의 몸의 일부를 절제한다고 하는 것입니다.

문제　다음 한국어에 알맞게 일본어로 작문해 보시오.

　① 지금까지 여러가지 말씀 드렸습니다만 결국 그것은 이런 것입니다.

　▶ _____

　答　今までいろいろ話しましたが、つまりそれはこういうことです。

　② 다시 말해 당신은 책임이 없다고 하는 것입니까?

　▶ _____

　答　つまり、あなたは責任がないということですか。

6　정리하기

▎「癌の三大療法について」의 영상을 통한 일본의 암치료

▎관련된 단어와 표현

Clip >>>> 2

1 들어가기

학습내용

▌「予防医学」의 영상을 통한 일본의 의료기술
▌관련된 단어와 표현

학습목표

▌「予防医学」의 영상을 통한 일본의 의료기술을 이해할 수 있다.
▌관련된 단어와 표현을 익혀 활용할 수 있다.

2 영상보기

▶ メディアⅡ「予防医学」

[문제] 井上教授がいま行っている研究は何ですか?

[해답] 食材の機能性に関する研究。

3 단어학습

□ 予防医学	よぼういがく	예방의학
□ 現状	げんじょう	현 상태
□ 疾病	しっぺい	질병
□ 診断	しんだん	진단

☐	治療	ちりょう	치료
☐	役務	えきむ	역무. 노동력을 요하는 작업
☐	減少	げんしょう	감소
☐	医療費	いりょうひ	의료비
☐	増加	ぞうか	증가
☐	解消	かいしょう	해소
☐	根本	こんぽん	근본
☐	食材	しょくざい	식재료
☐	機能性	きのうせい	기능성
☐	食品	しょくひん	식품
☐	寄与	きよ	기여

4 해설강의

일본어

21世紀は予防医学の時代であると言われています。しかし現状では疾病の診断、治療が医療役務の中心をなし、疾病自体の予防、減少に対する役務は十分に機能しておらず、医療費も毎年増加を続けています。慶應義塾大学医学部井上浩義(いのうえひろよし)教授はこれらの問題の解消に向けて、予防医学の中心となるべき食の、その根本となる食材の機能性に関する研究を行っています。

「えー、そういう、もっと身近なところで、日ごろの食ですね。食のところから国民の健康に寄与できるんじゃないかというところで、機能性食品というものを、今、やろうとしているわけですね」

Keio Universityによる

21세기는 예방의학의 시대라고 이야기 하고 있습니다. 그러나 현 상태도 질병의 진단, 치료가 의료의 중심이 되어 질병자체의 예방, 감소에 대한 일은 충분히 기능하고 있지 않아서, 의료비도 매년 계속 증가하고 있습니다. 게이오 대학 의학부의 이노우에 히로요시 교수는 이러한 문제의 해소를 위해 예방의학의 중심이 될 법한 식(食)의, 그 근본이 되는 식재료의 기능성에 관한 연구를 하고 있습니다.

[그러한, 조금 더 가까운 곳에서, 보통 먹는 식사죠. 이런 식(食)이라고 하는 부분부터 국민의 건강에 기여할 수 있지 않을까 해서 기능성 식품이라고 하는 것을, 지금 해 보려고 하는 것입니다.]

5 표현학습

動詞＋ておらず : ～지 않고

[例] 疾病自体の予防、減少に対する役務は十分に機能しておらず、医療費も毎年増加を続けています。

질병자체의 예방, 감소에 대한 일은 충분히 기능하고 있지 않아서, 의료비도 매년 계속 증가하고 있습니다.

[문제] 다음 한국어에 알맞게 일본어로 작문해 보시오.

① 저 시설은 주말은 열지 않아서 꽤 불편합니다.

▶ _____

[答] あの施設は週末は開いておらず、とても不便です。

② 이웃의 빈집관리가 되어있지 않아 걱정입니다.

▶ _____

[答] となりの空き家の管理が行われておらず心配です。

6 정리하기

▌「予防医学」의 영상을 통한 일본의 의료기술
▌관련된 단어와 표현

1 들어가기

학습내용

▌「子供の便秘! その実態と対策」의 영상을 통한 일본 어린이들의 변비문제와 대책
▌관련된 단어와 표현

학습목표

▌「子供の便秘! その実態と対策」의 영상을 통해 일본 어린이들의 변비문제와 대책을
  이해할 수 있다.
▌관련된 단어와 표현을 익혀 활용할 수 있다.

2 영상보기

▶ メディアⅢ「子供の便秘! その実態と対策」

문제 　小林弘幸(こばやしひろゆき)教授は、最近の子供の便秘が増えている一番の要
　　　因を、何であると言っていますか?

해답 　食生活の変化が進んだこと。

3 단어학습

| ☐ | 便秘 | べんぴ | 변비 |
| ☐ | 対策 | たいさく | 대책 |

☐	製薬会社	せいやくがいしゃ	제약회사
☐	排便	はいべん	배변
☐	順調だ	じゅんちょうだ	순조롭다
☐	就学前	しゅうがくまえ	취학 전
☐	児童	じどう	아동
☐	当てはまる	あてはまる	해당되다
☐	口臭	こうしゅう	입냄새
☐	体臭	たいしゅう	몸냄새
☐	頻度	ひんど	빈도
☐	便秘治療	べんぴちりょう	변비치료
☐	危機感	ききかん	위기감
☐	食生活	しょくせいかつ	식생활
☐	食物繊維量	しょくもつせんいりょう	식물섬유량

4 해설강의

일본어

最近の調査で子供たちの4割が便秘症である事が分かりました。

子どもに増え続ける便秘。実態と対策は、どこにあるのか。取材しました。

「出なーい、出なかった」

大手製薬会社の調べによると、小学生のおよそ4割に毎日排便がないにもかかわらず、子どもの排便は順調だと思っている親は、およそ8割にのぼるというギャップが明らかになりました。

その傾向は、就学前の児童にも当てはまると言います。

「便秘が本当にひどいお子さんというのは、口臭、体臭がやはり感じられますから、そこでもやっぱいじめの対象になるという事で、それがお母さん達が一番悩む一つですね」

「それからすごくいらいらして怒りっぽかったり、泣きやすかったり、そういうあの感情のコントロールが出来なくなったりですね」

　大田区に住む、北嶋春宗(きたじまはるむね)くんも排便の頻度は三日に一回程です。

「出ない、絶対出ない、出なーい」

「健康ではあるんですけど、まあ、毎日は出ていないので、ちょっと、こう、うんちする時とかは、あの、頑張っている感じですね」

　朝食は、パンとイチゴにヨーグルトを食べています。

「いつも幼稚園に行く前に食べているんですけど、時間がすごく短くて、すぐに食べられるパンと、あとヨーグルトは、食べていますね」

　便秘治療を専門とする順天堂大学の小林弘幸(こばやしひろゆき)教授は、最近の子供の便秘が増えていることに危機感を感じています。要因には、食生活の変化が進んだことが大きいと言います。厚生労働省によりますと、近年の日本人の食物繊維量は終戦直後に比べ、およそ半分まで減っています。

「あの、排便の量で分かるんですね。戦後直後というのは大体、300グラムとか400グラム、というのが一日の排便量だったんですね。ところが今は、100グラムから200グラムというふうに半分になったんですね」

　春宗くんは毎朝小林先生が勧めるバナナきな粉ジュースを飲むようになりました。

「これ何？　バナナジュース」

「ピンポーン」

TOKYO MXによる

한국어 역

최근 조사에서 아이들의 4할이 변비를 앓고 있는 것을 알게 되었습니다. 아이들에게 계속 늘어나는 변비. 실태와 대책은 어디에 있는 가 취재했습니다.

[안 나와! 안 나왔다!]

대형 제약회사의 조사에 의하면, 초등학생의 약 4할이 매일 배변이 없는데도 불구하고 아이의 배변은 순조롭다고 생각하고 있는 부모가, 약 8할에 이른다고 하는 갭이 확실해 졌습니다. 이 경향은 취학 전 아동에게도 해당된다고 합니다.

[변비가 정말 심한 아이라면 입냄새, 몸냄새가 역시 느껴지기 때문에 거기에서도 역시 이지메의 대상이 된다고 하는 것으로, 이것이 엄마들이 가장 괴로워하는 한 가지지요]

[그리고 꽤 초조해서 자주 화를 낸다든지, 울기 쉽다든지 하는 그러한 감정의 컨트롤을 할 수 없게 된다든지 말입니다]

오타구에 사는 기타지마 하루무네군도 배변의 빈도는 3일에 1회 정도입니다.

[안 나와! 절대 안 나와, 안 나와!]

[건강하기는 하지만 매일은 싸지 않기 때문에, 좀 대변을 볼 때에는 힘 쓰고 있는 느낌이지요]

아침식사는 빵과 딸기에 요구르트를 먹고 있습니다.

[언제나 유치원에 가기 전에 먹고 있는데 시간이 너무 짧아서 바로 먹을 수 있는 빵과, 요구르트는 먹고 있지요]

변비치료를 전문으로 하는 쥰텐도대학의 고바야시 히로유키 교수는 요즈음 아이들의 변비가 증가하고 있는 것에 위기감을 느끼고 있습니다. 요인으로는 식생활의 변화가 생긴 것이 크다고 말합니다. 후생노동성에 의하면 근래 일본인의 식물섬유량은 종전직후에 비해 거의 반까지 줄어 있습니다.

[배변량으로 압니다. 전후직후라고 하면 대개 300그램이라든지 400그램 이라고 하는 것이 하루 배변량이었지요. 그러나 지금은 100그램에서 200그램이라고 하듯이 반이 되었다는 거지요]

하루무네 군은 매일 아침 고바야시 선생님이 추천하는 바나나 콩가루 주스를 마시게 되었습니다.

[이거 뭐야? 바나나 주스?]

[딩동댕]

5　표현학습

> **当てはまる：해당되다**
>
> [例] その傾向は、就学前の児童にも当てはまると言います。
>
> 　그 경향은 취학전 아동에게도 해당된다고 합니다.

[문제] 다음 한국어에 알맞게 일본어로 작문해 보시오.

① 당신은 몇 개정도 해당됩니까?

▶ _____

[答] あなたはいくつぐらい当てはまりますか?

② 이것이 최근 당신에게 해당되는지 어쩐지를 가르쳐 주십시오.

▶ _____

[答] これが最近のあなたに当てはまるかどうかを教えてください。

6 정리하기

▎「子供の便秘! その実態と対策」의 영상을 통한 일본 어린이들의 변비문제와 대책
▎관련된 단어와 표현

Clip >>>> 4

1 들어가기

학습내용

▌「快食療法」의 영상을 통한 일본의 의료
▌관련된 단어와 표현

학습목표

▌「快食療法」의 영상을 통해 일본의 의료를 이해할 수 있다.
▌관련된 단어와 표현을 익혀 활용할 수 있다.

2 영상보기

▶ メディアⅣ「快食療法」

[문제] 快食療法とは何ですか?

[해답] 本能のままに食べることで、脳が満足感を得られれば、ストレスが減り、自然と痩せられ、健康になっていくという療法。

3 단어학습

	本能	ほんのう	본능
	脳	のう	뇌
	満足感	まんぞくかん	만족감

☐ 減る	へる	줄다
☐ 痩せる	やせる	살이 빠지다
☐ 健康	けんこう	건강
☐ 快食療法	かいしょくりょうほう	쾌식요법
☐ 落ちる	おちる	빠지다. 떨어지다
☐ 中性脂肪	ちゅうせいしぼう	중성지방
☐ 基準値	きじゅんち	기준치
☐ 体重	たいじゅう	체중
☐ 五感	ごかん	오감
☐ 正常	せいじょう	정상
☐ 指導法	しどうほう	지도법
☐ 体験	たいけん	체험

4 해설강의

일본어

　本能のままに食べることで、脳が満足感を得られれば、ストレスが減り、先ほどとは逆に自然と痩せられる、健康になっていくという考え。これこそが「快食療法」。

　これを始めたところ、最初の半年間で6kg落ち、中性脂肪も基準値以下になり、現在体重は60kgに。しかし、好きなものを好きなだけ食べて本当に痩せられるんでしょうか。横倉医師によると快食療法を始めるには、まず五感を正常にするための教育が必要だと言います。

　そこで、その指導法をスタッフが体験。

デジアナによる

본능대로 먹는 것으로 뇌가 만족감을 얻을 수 있게 되면 스트레스가 줄어 전과는 거꾸로 자연스럽게 살을 뺄 수 있고, 건강해져 간다고 하는 생각. 이것이야말로 [쾌식요법].

이것을 시작해서 반 년에 6키로가 빠지고 중성지방도 기준치 이하가 되어 현재체중이 60키로에. 하지만 좋아하는 것을 좋아하는 만큼 먹어 정말로 살이 빠질 수 있는 걸까요. 요코쿠라 의사에 의하면 쾌식요법을 시작하려면 우선 오감을 정상적으로 하기 위한 교육이 필요하다고 합니다.

그래서 그 지도법을 스탭이 체험.

5 표현학습

명사+のままに : 명사+대로

例 本能のままに食べることで、脳が満足感を得られる。

본능대로 먹는 것으로 뇌가 만족감을 얻을 수 있다.

문제 다음 한국어에 알맞게 일본어로 작문해 보시오.

① 모든 것이 운명대로 되어 버렸다.

▶ _____

答 すべてが運命のままになってしまった。

② 생각대로 펜으로 써 보세요.

▶ _____

答 思いのままにペンで書いてみてください。

6 정리하기

▌「快食療法」의 영상을 통한 일본의 의료

▌관련된 단어와 표현

原因は何？ 増加し続ける日本人のがん

▌ 日本人は、何で亡くなっているのか？

のっけから、ちょっと妙な話で恐縮ですが、日本人はいったいどんな死因で最期を迎えているのかご存じでしょうか。平成15年に、厚生労働省がまとめた人口動態統計の概況によると、がんが30.5％、心疾患が15.7％、脳血管疾患が13.0％となっており、のこりが、肺炎や自殺、事故といった原因になっています。

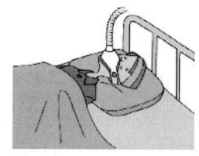

現代の日本人は、いったい何で亡くなっているのでしょうか？それを考えると毎日の生活で、気をつけるべきことが見えてきます。

戦後すぐの、60年ほど前では、日本では、結核や肺炎で亡くなる方が多く、その次が脳出血や脳梗塞などの脳血管疾患で、がんは、4位だったのです。しかし、戦後復興の中で、衛生環境、栄養状態の改善もあり、結核や肺炎での死亡は急激に減少しました。また、高度成長期の時には、非常に増加していた脳出血や脳梗塞も、食生活や外来での高血圧治療、さらには、集中治療室での高度な治療が可能になったこともあり、1970年をピークに減少してきています。

このように、上位3つの疾患による死亡が減少する中で、急速に順位をあげてきたのが、がんです。1980年代には、脳血管障害を抜いて、日本人の死因第1位となり、現在に至っています。

なぜ、こんなに急激にがんによる死亡が増えているのでしょうか？

▌ がんも生活習慣病の一つ

がんは、生活習慣病の一つして分類されます。ということは、がんが増えていることは、生活習慣の変化と関わりがあるのです。

少し意外かもしれませんが、がんは、生活習慣病の一つに分類される慢性疾患です。生活習慣病というのは、その人の生活習慣がもたらした病気という考え方です。以前は、成

人病と言われた時期が長かったのですが、成人病というと「大人になると誰しもかかってしまう病気」というニュアンスを与えかねないので、この10年ほどで改められるようになってきました。

体に悪い生活習慣といえば、まず思い浮かべられるのが「たばこ」。残念ながら、現在も依然として高い喫煙率を示す我が国ですが、戦後の喫煙率の急上昇から20年ほど遅れる形で、肺がんで亡くなる人の数は急速に増えています。

がんは、生活習慣病の一つとして分類されます。ということは、がんが増えていることは、生活習慣の変化と関わりがあるのです。

現在の日本人男性でがんで亡くなる方の中では、肺がんで亡くなる方がもっとも多いのですが、これも、高い喫煙率と密接な関わりがあると言われています。

▌生活習慣の多くは、食習慣と運動習慣が占める

生活習慣の多くを占めているのは、食習慣と運動習慣です。特に、食事はがんと深い関わりがあります。

喫煙も、確かに生活習慣の一つではありますが、生活習慣の多くは、食習慣と運動習慣が占めています。

特に、食習慣はがんと深い関わりがあります。

近年、日本で肺がんと同様に増えているのが大腸がんですが、この大腸がんの患者数の増加

生活習慣の多くを占めているのは、食習慣と運動習慣です。特に、食事はがんと深い関わりがあります。

は、戦後に急速に進んだ食事の欧米化と関連があると考えられています。もちろん、洋食に発がん物質が含まれているという意味ではありません。和食で暮らしてきた日本人が、急激に洋食にシフトしたときに、様々なひずみが体の中で起こってしまうということです。

古来、多くの食物繊維を取ってきた日本人の腸は、欧米人に比べて約1m長いと言われています。これは、消化しにくい食物繊維を多く取る伝統的な和食に対応するためだと考えられています。

その一方で、欧米人は、摂取した脂肪分が酸化されないうちに、便として排泄する必要

があるので腸は比較的短くできていると言われています。がばっと、摂取して、さっと出してしまうイメージでしょうか。

このような生物学的な違いが、現代の食生活の急激な変化に耐えにくくなっている理由の一つと考えられます。

高脂肪・低繊維、カロリー過多の栄養失調

現代日本の食生活のキーワード、それは、高脂肪・低線維、そして、カロリー過多の栄養失調だと思います。

現代日本の食生活を見渡してみると、キーワードが浮かんできます。

一つは、高脂肪・低繊維。動物性脂肪と小麦をメインとした食事は、日本人にとっては、脂肪が多く、食物繊維がどうしても少なくなってしまいがちです。しかも、約1mも長い腸の中で、長時間滞留した脂肪は酸化脂質になります。また、繊維質が少なく、さらには、納豆やお味噌などの発酵食品の摂取量が減ってきているために、良い腸内細菌叢を保つことが難しくなってきています。

現代日本の食生活のキーワード、それは、高脂肪・低繊維、そして、カロリー過多の栄養失調だと思います。

食生活を彩るために、また、人生を楽しむために、おいしいフレンチをいただくこともあるが、基本は、ご飯とお味噌汁。一汁一菜。それが、遠回りなようで、案外、一番確実ながん予防と言えるかもしれませんね。

出처 http://allabout.co.jp/gm/gc/300831/

일본의 환경

Clip >>>> 1

1 들어가기

학습내용

「沖縄・奄美 世界遺産へ登録可否勧告へ　ユネスコ諮問機関」의 영상을 통한 일본의 세계유산

관련된 단어와 표현

학습목표

「沖縄・奄美 世界遺産へ登録可否勧告へ　ユネスコ諮問機関」의 영상을 통해 일본의 세계유산을 이해할 수 있다.

관련된 단어와 표현을 익혀 활용할 수 있다.

2 영상보기

▶ メディアⅠ「沖縄・奄美 世界遺産へ登録可否勧告へ　ユネスコ諮問機関」

문제　世界自然遺産に登録すべきかどうか勧告を出すユネスコの諮問機関の名前は?

해답　国際自然保護連合

3 단어학습

□ **世界自然遺産**	せかいしぜんいさん	세계자연유산
□ **前進する**	ぜんしんする	전진하다

□	登録	とうろく	등록
□	諮問機関	しもんきかん	자문기관
□	自然保護	しぜんほご	자연보호
□	連合	れんごう	연합
□	勧告	かんこく	권고
□	取材	しゅざい	취재
□	固有種	こゆうしゅ	고유종
□	希少種	きしょうしゅ	희귀종
□	生息地	せいそくち	생식지
□	推薦する	すいせんする	추천하다
□	可否	かひ	가부
□	見直す	みなおす	재검토하다
□	濃厚だ	のうこうだ	농후하다

4　해설강의

일본어

「世界遺産」に向けて大きく前進するか注目です。

　世界自然遺産の登録を目指している、鹿児島県と沖縄県の「奄美大島(あまみおおしま)、徳之島(とくのしま)、沖縄島北部(おきなわじまほくぶ)および西表島(いりおもてじま)」について、ユネスコの諮問機関である「国際自然保護連合」が、日本時間の10日午後に登録すべきかどうか勧告を出すことが、関係者への取材でわかりました。この区域は、固有種・希少種の生息地になっているとして、日本政府が2017年に一度、推薦していました。しかし、最終的な登録の可否に影響力を持つこの諮問機関から、改定を求める「登録延期」を翌年に勧告されたため、政府が区域などを見直して再び推薦していました。「登録」が勧告されれば、7月の世界遺産委員会での審査で登録決

定が濃厚になります。

FNNプライムオンラインによる

한국어 역

세계유산을 향해 크게 전진할 지 주목됩니다.

세계자연유산을 목표로 하고 있는 가고시마현과 오키나와현의 "아마미오오시마, 도쿠노시마, 오키나와지마 북부 및 이리오모테지마"에 대해서 유네스코의 자문기관인 "국제자연보호연합"이 일본시간 10일오후에 등록해야 할지 어떨지에 대해 권고를 내는 것이 관계자의 취재로 알게 되었습니다. 이 구역은 고유종, 희귀종의 생식지가 되어 있는 것으로 해서 일본정부가 2017년에 한번 추천했었습니다. 그러나 최종적인 등록여부의 영향력을 가진 이 자문기관으로부터 개정을 요구하는 "등록연기"를 다음 해로 권고 받았기 때문에 정부가 구역 등을 재검토하여 다시 추천했습니다. "등록"을 권고 받으면 7월 세계유산위원회에서의 심사로 등록결정이 농후해 집니다.

---

5 표현학습

■ ～すべきかどうか : ～(해)야할 지 어떨지

例 「国際自然保護連合」が、日本時間の10日午後に登録すべきかどうか勧告を
出すことが、関係者への取材でわかりました。

"국제자연보호연합"이 일본시간 10일 오후에 등록해야 할지 어떨지에 대해 권고를 내는 것이 관계자의 취재로 알게 되었습니다.

문제 다음 한국어에 알맞게 일본어로 작문해 보시오.

① 피난갈 지 어떨지를 생각해 보자.

▶ _____

答 避難すべきかどうかを考えてみよう。

② 다음은 사랑니를 발치할 지 어떨지에 대해서입니다.

▶ _____

答 次は親知らずを抜歯すべきかどうかについてです。

6 정리하기

▌「沖縄・奄美 世界遺産へ登録可否勧告へ　ユネスコ諮問機関」의 영상을 통한 일본의 세계유산

▌관련된 단어와 표현

Clip >>>> 2

1 들어가기

학습내용

▎「気象情報」의 영상을 통한 일본의 일기예보
▎관련된 단어와 표현

학습목표

▎「気象情報」의 영상을 통해 일본의 일기예보를 이해할 수 있다.
▎관련된 단어와 표현을 익혀 활용할 수 있다.

2 영상보기

▶ メディアⅡ「気象情報」

문제 明日以降の天気予報で、那覇はどうなると言っていますか?

해답 梅雨空が続いて曇りや雨のすっきりしない天気が続きそうだと言っている。

3 단어학습

□	**梅雨入り**	つゆいり	장마에 들어감
□	**引き続き**	ひきつづき	계속해서, 연이어
□	**日照**	にっしょう	일조
□	**農作物**	のうさくぶつ	농작물

☐	日中	にっちゅう	낮, 대낮
☐	夏日	なつび	낮 최고기온이 25도 이상인 날
☐	服装	ふくそう	복장
☐	覆う	おおう	쌓다, 덮다
☐	汗ばむ	あせばむ	땀이 나다, 땀이 배다
☐	高気圧	こうきあつ	고기압
☐	日差し	ひざし	햇볕
☐	上空	じょうくう	상공
☐	山沿い	やまぞい	산기슭, 산간지역
☐	下り坂	くだりざか	내리받이, 내리막
☐	気象情報	きしょうじょうほう	일기예보

4　해설강의

일본어

　はい！ 各地の梅雨入りは平年よりも遅れそうですが、北日本では引き続き日照不足が続くと見られています。引き続き農作物の管理に注意が必要です。ただ、今日に関しては北日本も広く晴れて日中は気温が上がりそうです。

　こちらは現在の盛岡市の様子です。少し雲はありますが晴れています。この時間の気温は13度くらい。空気の冷たい朝となりました。日中は25度まで上がって、昨日に続いて夏日となりそうです。7月上旬なみの暑さとなるでしょう。朝と日中との気温差が大きいですから調節しやすい服装がよさそうです。

　晴れれば25度くらいまで上がるような暖かい空気は、東北付近まで広く覆っています。今日の日中は汗ばむ陽気になる所も多くなりそうです。

　では天気図です。日本付近次々と高気圧が通っています。高気圧の通り道となっています。

　暖かい空気に加えて強い日差しで各地気温が上がりそうです。ただ上空に

は、まだ寒気が残っています。このため大気の状態は引き続き不安定です。

　天気の移り変わりを見てみましょう。午前中は北海道から九州北部にかけて広く晴れますが、午後になりますと、今日も西日本や東日本、山沿いを中心に、にわか雨の所がありそうです。

　雷を伴って強く降る所もありそうですから、天気の急な変化にご注意ください。この大気が不安定な状態はまだしばらく続きそうです。

　それでは今日の全国の天気です。日中は広い範囲で晴れるでしょう。強い日差しが降り注ぎそうです。西日本や東日本の山沿いを中心に、午後はにわか雨の降る所がありそうですから、天気の変化に注意してください。沖縄は天気は下り坂で、夜遅くなると雨が降りやすくなるでしょう。

　日中の予想最高気温です。大体昨日と同じくらいの所が多くなるでしょう。

　関東から西の地域は25度前後まで上がって、汗ばむ陽気となりそうです。

　大阪は27度、暑くなるでしょう。北日本も20度以上の所がほとんどで、夏日になる所がありそうです。

　明日以降の予報、札幌から東京です。北海道では明日から明後日にかけては曇りや雨の天気でしょう。東北から関東にかけてはこの先、晴れる日が多くなりそうですが、しばらく大気の状態は不安定です。長野は金曜日、土曜日と雨が降りやすくなるでしょう。

　名古屋から那覇にかけてです。この先も晴れる日が多いですが、まだ明日もにわか雨の所がありそうです。来週にかけて気温は高め、暑くなるでしょう。那覇は梅雨空が続いて曇りや雨のすっきりしない天気が続きそうです。

　以上　気象情報でした。

NHK NEWSによる

　예! 각지의 장마는 평년보다도 늦어질 것 같습니다만, 북일본에서는 계속해서 일조부족이 이어질 것으로 보여집니다. 계속해서 농작물 관리에 주의가 필요합니다. 단 오늘에 있어서는 북일본도 넓은 범위로 맑아 낮에는 기온이 올라갈 것 같습니다.

이쪽은 현재의 모리오카시의 모습입니다. 조금 구름은 있지만 맑습니다. 이 시간 기온은 13도 정도. 공기가 찬 아침이었습니다. 낮은 25도까지 올라 어제에 이어서 낮 최고기온 25도 이상인 날이 될 것 같습니다. 7월 상순과 비슷한 더위가 될 것입니다. 아침과 낮과의 기온 차가 크기 때문에 조절하기 쉬운 복장이 좋을 것 같습니다.

맑으면 25도 정도까지 올라갈 것 같은 따뜻한 공기는 도호쿠 부근까지 넓게 덮고 있습니다. 오늘 낮은 땀을 흘리는 날씨가 되는 곳도 많아 질 것 같습니다.

그럼, 기상도입니다. 일본부근 계속해서 고기압이 통과하고 있습니다. 고기압이 지나는 길이 되어 있습니다. 따뜻한 공기에 더해져 강한 햇볕으로 인해 각지 기온이 올라갈 것 같습니다. 단지 상공에는 아직 찬 공기가 남아 있습니다. 이 때문에 대기상태는 계속해서 불안정합니다.

일기의 변화를 보겠습니다. 오전 중에는 홋카이도에서 규슈북부에 걸쳐서 넓은 범위에서 맑겠습니다만 오후가 되면 오늘도 서일본이나 동일본 산간지역을 중심으로 소나기가 오는 곳이 있을 것 같습니다.

번개를 동반하여 강하게 내리는 곳도 있을 것 같기 때문에 일기의 급격한 변화에 주의해 주십시오. 이 대기의 불안정한 상태가 아직 당분간 계속될 것 같습니다.

그럼 오늘의 전국날씨입니다. 낮은 넓은 범위에서 맑겠습니다. 강한 햇볕이 내리 쬘 것 같습니다. 서일본이나 동일본 산간지역을 중심으로 오후에는 소나기가 내리는 곳도 있을 것 같기 때문에 일기변화에 주의해 주십시오. 오키나와는 날씨가 점점 나빠져 밤 늦게는 비가 오기 쉬울 것입니다.

낮 예상최고기온입니다. 대체로 어제와 같은 정도의 곳이 많아질 것입니다.

간토에서 서쪽 지역은 25도 전후까지 올라 땀을 흘리는 날씨가 될 것 같습니다. 오사카는 27도, 더워지겠습니다. 북일본도 20도 이상의 곳이 대부분으로 낮 최고기온 25도 이상인 곳이 있을 것 같습니다.

내일 이후의 예보, 삿포로부터 도쿄(까지)입니다. 홋카이도에서는 내일부터 모레에 걸쳐서는 흐리거나 비가 오는 날씨가 되겠습니다. 도호쿠에서 간토에 걸쳐서는 앞으로 맑은 날이 많아질 것 같습니다만 당분간 대기상태는 불안정하겠습니다. 나가노는 금요일, 토요일 비가 오기 쉬울 것 같습니다.

나고야에서 나하에 걸쳐서입니다. 앞으로도 맑은 날이 많겠습니다만 아직 내일도 소나기가 오는 곳이 있을 것 같습니다. 다음주에 걸쳐서 기온은 올라가고 더워지겠습니다. 나하는 장마 때의 하늘이 계속되어 흐리거나 비가오는 맑지 않은 날씨가 계속될 것 같습니다.

이상 일기예보였습니다.

5 표현학습

～から～にかけて : ～에서 ～에 걸쳐서

例 午前中は北海道から九州北部にかけて広く晴れます。

오전 중에는 홋카이도에서 규슈북부에 걸쳐서 넓은 범위에서 맑겠습니다.

문제 다음 한국어에 알맞게 일본어로 작문해 보시오.

① 이 새는 가을에서 겨울에 걸쳐 한국으로 온다.

▶ _____

答 この鳥は秋から冬にかけて韓国にやって来る。

② 이번 달부터 다음 달에 걸쳐서 여행을 갈 작정이다.

▶ _____

答 今月から来月にかけて旅行にいくつもりだ。

6 정리하기

▎「気象情報」의 영상을 통한 일본의 일기예보
▎관련된 단어와 표현

Clip >>>> 3

제9과

1 들어가기

학습내용

▌「緊急地震速報」의 영상을 통한 일본의 지진관련 방송
▌관련된 단어와 표현

학습목표

▌「緊急地震速報」의 영상을 통한 일본의 지진관련 방송을 이해할 수 있다.
▌관련된 단어와 표현을 익혀 활용할 수 있다.

2 영상보기

▶ メディアⅢ「緊急地震速報」

[문제] 震度7を観測した地域はどこですか?
[해답] 熊本県熊本地方。

3 단어학습

緊急	きんきゅう	긴급
速報	そくほう	속보
警戒	けいかい	경계
揺れ	ゆれ	흔들림

	怪我	けが	상처
	隠れる	かくれる	숨다
	落ち着く	おちつく	침착하다
	行動する	こうどうする	행동하다
	様子	ようす	모습
	放送局	ほうそうきょく	방송국
	震源	しんげん	진원
	海底	かいてい	해저
	津波	つなみ	(지진에 의한) 해일, 쓰나미
	震度	しんど	진도
	観測	かんそく	관측

4 해설강의

일본어

緊急地震速報です。強い揺れに警戒してください。

緊急地震速報です。強い揺れに警戒してください。

緊急地震速報が出ました。熊本県、福岡県、長崎県、宮崎県、山口県、愛媛県、佐賀県、大分県、鹿児島県では強い揺れに警戒してください。けがをしないように身を守ってください。倒れやすい家具などからは離れてください。緊急地震速報が熊本県、福岡県、長崎県、宮崎県、山口県、愛媛県、佐賀県、大分県、鹿児島県に出ています。強い揺れに警戒してください。けがをしないように身を守ってください。倒れやすい家具などからは離れてください。テーブルや机の下に隠れてください。熊本の現在の様子です。カメラが大きく揺れているのが分かります。揺れが強い地域の皆さん、落ち着いて行動してください。熊本の現在の様子、カメラが横に大きく揺れているのが分かります。NHKの各放送局からの情報によりますと9時26分ごろ、

九州地方で揺れを感じました。震源が海底ですと津波の恐れがあります。海岸や川の近くからは離れてください。現在の熊本の、熊本市の様子です。

　今、震度7を観測した地域があります。熊本県熊本地方で震度7を観測しました。揺れが強かった地域の皆さん、落ち着いて行動してください。9時26分ころ、九州地方で強い地震がありました。震度7を熊本県熊本地方で観測しています。震度5弱を熊本県阿蘇地方、熊本県天草・芦北、宮崎県北部山沿い。震度7を熊本県の熊本地方で観測しています。震源が海底ですと津波の恐れがあります。川や海のそばには近づかないようにしてください。また震度5弱を熊本県阿蘇地方、熊本県天草・芦北、宮崎県北部山沿い、そして震度4を山口県西部、福岡県福岡地方、福岡県築後地方、佐賀県南部、長崎県南西部、島原半島、震度4を熊本県の球磨地方、大分県南部、宮崎県北部平野部、宮崎県南部山沿い、鹿児島県薩摩地方などで震度4を観測しています。

　映像は地震が発生した時の、熊本の様子です。カメラが、かなり激しく揺れています。熊本県では震度7を観測しています。熊本県熊本地方では震度7を観測しています。揺れが強かった地域の皆さん、落ち着いて行動してください。揺れがおさまってから火の始末をしてください。

緊急地震速報による

한국어 역

　긴급지진속보입니다. 강한 흔들림에 경계해 주십시오.
　긴급지진속보입니다. 강한 흔들림에 경계해 주십시오.
　긴급지진속보가 났습니다. 구마모토현, 후쿠오카현, 나가사키현, 미야기현, 야마구치현, 에히메현, 사가현, 오이타현, 가고시마현에서는 강한 흔들림에 경계해 주십시오. 다치지 않도록 몸을 보호해 주십시오. 넘어지기 쉬운 가구 등으로부터는 떨어져 있기 바랍니다. 긴급지진속보가 구마모토현, 후쿠오카현, 나가사키현, 미야기현, 야마구치현, 에히메현, 사가현, 오이타현, 가고시마현에 났습니다. 강한 흔들림에 경계해 주십시오. 다치지 않도록 몸을 보호해 주십시오. 넘어지기 쉬운 가구 등으로부터는 떨어져 있기 바랍니다. 테이블이나 책상 밑으로 숨어 주십시오.
　구마모토의 현재 모습입니다. 카메라가 크게 흔들리고 있는 것을 알 수 있습니다. 흔들림이 큰 지역에 있는 여러분! 침착하게 행동해 주십시오. 구마모토 현재의 모습, 카메라가 옆으로 크게 흔들이고 있는 것을 알 수 있습니다. NHK의 각 방송국으로부터의 정보에 의하면 9시 26분경, 규슈지방에서 흔들림을 감지했습니다. 진원이 해저이면 쓰나미의 우려가 있습니다. 해안이나 강 가까운 곳에서는 떨어져 주십시오. 현재 구마모토의 구마모토시의 모습입니다.

지금 진도 7로 관측된 지역이 있습니다. 구마모토현 구마모토지방으로 진도 7로 관측되었습니다. 흔들림이 큰 지역에 있는 여러분! 침착하게 행동해 주십시오. 9시 26분경, 규슈지방에서 강한 지진이 있었습니다. 진도 7이 구마모토현 구마모토지방에서 관측되었습니다. 진도 5약은 구마모토현 아소지방, 구마모토현 아마쿠사·아시키타, 미야자키현 북부 산간지역. 진도 7이 구마모토현 구마모토지방에서 관측되고 있습니다. 진원이 해저이면 쓰나미의 우려가 있습니다. 강이나 바닷가 근처에는 가까이 가지 않도록 해 주십시오. 또 진도 5약을 구마모토현 아소지방, 구마모토현 아마쿠사·아시키타, 미야자키현 북부 산간지역, 그리고 진도 4가, 야마구치현 서부, 후쿠오카현 후쿠오카지방, 후쿠오카현 치쿠고지방, 사가현 남부, 나가사키현 남서부, 시마바라반도, 진도 4가 구마모토현의 구마지방, 오이타현 남부, 미야자키현 북부 평야지역, 미야자키현 남부 산간지역, 가고시마현 사츠마지방 등에서 관측되었습니다.

영상은 지진이 발생했을 때의 구마모토의 모습입니다. 카메라가 꽤 힘하게 흔들리고 있습니다. 구마모토 현에서는 진도 7이 관측되었습니다. 구마모토현 구마모토지방에서는 진도 7이 관측되었습니다. 흔들림이 큰 지역에 있는 여러분! 침착하게 행동해 주십시오. 흔들림이 잠잠해지고 나서 화재위험에 관한 처리를 해 주십시오.

5 표현학습

■ 落ち着く: 침착하다

例 落ち着いて行動してください。

침착하게 행동해 주십시오.

문제 다음 한국어에 알맞게 일본어로 작문해 보시오.

① 여기에 오면 언제나 마음이 편안해 집니다.

▶ _____

答 ここに来るといつも心が落ち着きます。

② 비 소리는 왠지 편안해 진다.

▶ _____

答 雨の音はなんだか落ち着く。

6 정리하기

▎「緊急地震速報」의 영상을 통한 일본의 지진관련 방송

▎관련된 단어와 표현

Clip >>>> 4

1 들어가기

학습내용

▌「花粉情報」의 영상을 통한 일본의 환경

▌관련된 단어와 표현

학습목표

▌「花粉情報」의 영상을 통해 일본의 환경을 이해할 수 있다.

▌관련된 단어와 표현을 익혀 활용할 수 있다.

2 영상보기

▶ メディアⅣ「花粉情報」

문제　明日の花粉情報で、西日本は何の花粉に移行していると言っていますか?

해답　ヒノキの花粉。

3 단어학습

☐	花粉	かふん	꽃가루
☐	振り返る	ふりかえる	뒤돌아보다
☐	飛散	ひさん	날림
☐	拡散量	かくさんりょう	확산량

	北陸	ほくりく	현재의 福井・石川・富山・新潟 현 등의 총칭
	降り出す	ふりだす	내리기 시작하다
	落ち着く	おちつく	안정되다
	飛散量	ひさんりょう	비산량
	花粉症	かふんしょう	화분증
	檜	ひのき	노송나무
	移行する	いこうする	바뀌다
	対策	たいさく	대책
	杉	すぎ	삼목
	移り変わる	うつりかわる	변하다. 바뀌다
	体調	たいちょう	몸상태, 컨디션

4 해설강의

일본어

「花粉ニュース。ここからは今日の花粉状況の振り返り、そして明日の花粉の飛散の様子を見ていきたいと思います。それでは予報センターの吉野さん。」

「はい、よろしくおねがいします」

「よろしくおねがいします。ま、今日も多めに花粉飛んだところがあったようですね。」

「そうですね。今日は気温のあがった北陸など、花粉の拡散量、多くなりました。実際に観測された花粉の量を見ていきますと、午前中を中心に晴れてかなり気温が上がりました北陸など水色やオレンジ色、100個前後の花粉を観測したというところ、多くなっております。」

「はい」

「また、九州も雨が降り出す前の午前中ですね、飛んだところありますし、関東や東北といったところも、雨が降っていないタイミングで飛んだというところもあ

りますので、今日はすっきりしない天気のところも多くなりましたが、花粉の飛散量は比較的多めとなりました。」

「はい」

「ただ、雨が降り出してきたということもありまして、症状のほうは若干落ち着いているようです。西日本は青の「大丈夫」という報告が比較的多く、全国で見ましても半分程度は大丈夫と、花粉の症状は全国で見ますとピークはかなりすぎたのかなっといった状況になっております。」

「はい」

「ただ、明日は雨の上がるタイミング、少し花粉の飛びやすいところ、ありそうです。明日の予想見ていきますと、雨が比較的早くやむ九州ですとか、四国、近畿など、やや多く飛ぶようなところが出てきます。西日本はほとんどがヒノキの花粉に移行しておりますので、ヒノキの花粉症で症状が出やすいという方は対策をしたほうがよさそうです。特に雨が上がった後のお出かけというのは注意が必要かもしれません。」

「はい、わかりました。吉野さん、ありがとうございます。ええ、花粉のピーク、杉からヒノキの移り変わっているところも出てきていますね。みなさん、それぞれ、ご自身の体調に合わせた対策というのをしっかり行っていただきたいと思います。以上、花粉ニュースをお送りしました。」

SOLIVE24による

한국어 역

「꽃가루 정보. 지금부터는 오늘의 꽃가루 상황을 돌아보고, 내일의 꽃가루의 날림 정도를 보아 가고 싶다고 생각합니다. 그럼 예보센터의 요시노상!」

「예, 잘 부탁 드립니다.」

「부탁합니다. 오늘도 꽃가루가 많이 날린 곳이 있었던 것 같네요.」

「그렇습니다. 오늘은 기온이 올라간 호쿠리쿠지방 등, 꽃가루의 확산양이 많아 졌습니다. 실제로 관측된 꽃가루 양을 보면 오전을 중심으로 맑아 꽤 기온이 올라간 호쿠리쿠지방 등이 물색이나 오렌지색, 100개전후의 꽃가루 량이 관측되었다고 하는 곳이 많습니다.」

「예.」

「또 규슈도 비가 내리기 전인 오전 중에 꽃가루가 날린 지역도 있고, 간토이나 도호쿠지방도 비가 오지 않은 타이밍에 꽃가루가 날렸다고 하는 지역도 있어서, 오늘은 화창하지 않은 날씨인 곳도 많아 꽃가루의 날리는 양은 비교적 많은 편이었습니다.」

「아 예.」

「단 비가 내린 것도 있어서 상태는 약간 안정돼 있는 것 같습니다. 서일본은 파란색의 [괜찮음]이라는 보고가 비교적 많고 전국적으로 봐도 반 정도는 괜찮다고 여서, 꽃가루의 상황은 전국적으로 보아 피크는 꽤나 지난 것은 아닌가 하는 상황입니다.」

「예 그렇군요.」

「단 오늘은 비가 그치는 타이밍에 조금은 꽃가루가 날리기 쉬운 곳이 있을 것 같습니다. 내일 예상되는 상황을 보면 비가 빨리 그치는 규슈라든지 시코쿠, 긴키 등 조금 많이 날릴 것 같은 지역이 나오겠습니다. 서일본은 거의 노송나무 꽃가루로 옮겨가고 있기 때문에 노송나무 화분증의 증상이 나오기 쉬운 분은 대책을 마련하는 편이 좋을 것 같습니다. 특히 비가 그친 뒤의 외출은 주의가 필요할 지도 모르겠습니다.」

「예, 알겠습니다. 요시노상! 고맙습니다. 꽃가루의 피크, 삼목에서 노송나무로 바뀌어져 가는 곳도 나오고 있군요. 여러분! 각각 자신의 상태에 맞추어서 대책이라고 하는 것을 확실하게 해 가셨으면 하고 생각하고 있습니다. 이상 꽃가루 뉴스를 보내 드렸습니다.」

5 표현학습

移り変わる : 변하다. 바뀌다

例 杉からヒノキに移り変わっているところも出てきている。
삼목에서 노송나무로 변해가고 있는 곳도 나오고 있다.

문제 다음 한국어에 알맞게 일본어로 작문해 보시오.

① 세계는 변한다고 하는 것은 진리다.

▶ _____

答 世界は移り変わるということは真理だ。

② 이것은 계절의 바뀜의 변화를 쫓는 프로입니다.

▶ _____

答 これは季節の移り変わりの変化を追いかける番組です。

6 정리하기

「花粉情報」의 영상을 통한 일본의 환경

관련된 단어와 표현

マグニチュードと震度の違い

「マグニチュード」は、地震そのものの大きさ、または規模を表します。一方「震度」は、ある大きさの地震が起きた時、ある場所での揺れの強さのことを表します。

マグニチュードと震度の関係は、例えば、マグニチュードの小さい地震でも震源からの距離が近いと地面は大きく揺れ、「震度」は大きくなります。また、マグニチュードの大きい地震でも震源からの距離が遠いと地面はあまり揺れなく、「震度」は小さくなります。

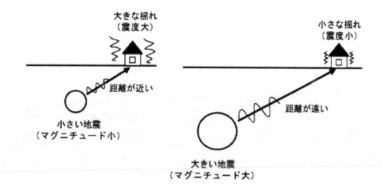

マグニチュードとは?

マグニチュードは1増えると地震のエネルギーが32倍になります。ですから、マグニチュード8の地震は、マグニチュード7の地震の32個分のエネルギーを持っていることになります。

地震の大きさ	マグニチュード Mj
極微小地震	1以下
微小地震	1〜3
小地震	3〜5
中地震	5〜7
大地震	7以上
巨大地震	8クラス

過去の日本の大地震のマグニチュード			
地震名	日付	マグニチュード	震源の深さ
阪神淡路大震災	1995年1月17日	M7.3	16Km
新潟県中越地震	2004年10月23日	M6.8	13Km
東日本大震災	2011年3月11日	M9.0	24Km
熊本地震	2016年4月16日	M7.3	12Km

Wikipediaより

▌震度とは?

「震度」とは、地震が起きたときのわたしたちが生活している場所での揺れの大きさを表し、日本では気象庁が10階級(0、1、2、3、4、5弱、5強、6弱、6強、7)に分けたものが使われています。地震による揺れが強くなると、震度は大きくなります

震度一覧

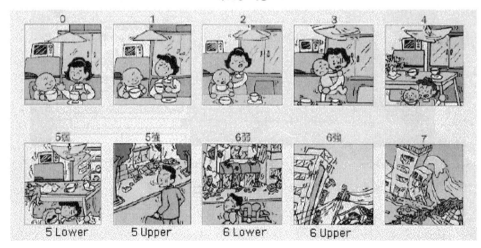

地震予測研究会ホームページより

国土交通省　ホームページより

제10과

일본의 스포츠

Clip >>>> 1

1 들어가기

학습내용

▎「日本ハム大谷翔平野球選手のインタビュー」의 영상을 통한 일본 프로야구
▎관련된 단어와 표현

학습목표

▎「日本ハム大谷翔平野球選手のインタビュー」의 영상을 통해 일본의 프로야구를 이해
   할 수 있다.
▎관련된 단어와 표현을 익혀 활용할 수 있다.

2 영상보기

▶ メディアⅠ「日本ハム大谷翔平野球選手のインタビュー」

문제　今年の開幕に向けて大谷選手の夢は何ですか?
해답　優勝すること。

3 단어학습

▯	**振り返る**	ふりかえる	뒤돌아보다. 회고하다
▯	**自分**	じぶん	자기자신
▯	**飛躍**	ひやく	비약

☐	成績	せいせき	성적
☐	残す	のこす	남기다
☐	周り	まわり	주위
☐	鍛える	きたえる	단련하다
☐	技術	ぎじゅつ	기술
☐	組み合わせる	くみあわせる	짜 맞추다
☐	作業	さぎょう	작업
☐	開幕	かいまく	개막
☐	優勝	ゆうしょう	우승
☐	貢献	こうけん	공헌
☐	追い込む	おいこむ	몰아 치다
☐	試合	しあい	시합

4 해설강의

> **일본어**
>
> 北海道日本ハムファイターズ大谷翔平です。
>
> [前シーズンを振り返って]
>
> ま、自分の中では、飛躍って呼べるほどそんなに…。ちゃんとした成績を残したっていうこともないですし。まあ、周りの人にはそういうふうに言ってもらえますけど。自分の中では本当に今年が大事かなっていうふうにって気持ちで。
>
> [春季キャンプのテーマ]
>
> 鍛えるに関しては多くは、もう、やってきたので、十分、体に関してもそうですし、やってきたと思うので、まあ、あとは技術と、それを組み合わせる作業であったりとか。全体の、チームのサインだったりとか、チームプレイの部分で合わせることはたくさんあるかと思います。

[開幕に向けて]

ほんとやっぱり優勝することですね。やっぱそのために自分が、どれだけチームに貢献できるかというところで去年よりも頑張りたいなというものはあります。

こっからもっともっと自分を追い込んで、今年はもっといい試合したいなと思うので、今年もよろしくお願いします。

YouTubeによる

한국어 역

홋카이도 니폰햄 파이터즈 오타니 쇼헤이입니다.

[전 시즌을 뒤돌아보며]

제 자신은 비약이라고 불리워질 만큼 그렇게는…. 제대로 된 성적을 남겼다고 하는 것도 아니고, 주위 사람들에게는 그렇게 듣고 있습니다만. 자신은 정말 올 해가 중요하다고 하는 마음으로.

[춘계 캠프의 테마]

단련하는 것에 관해서는 많이 해 왔기 때문에 충분하다고 생각하고, 몸 단련에 관해서도 잘 해 왔다고 생각하기 때문에 남은 건 기술과 그것을 잘 짜 맞추는 작업이라고 할까요. 전체 팀의 싸인이라든지 팀플레이 부분에서 맞추는 것은 많을 거라고 생각합니다.

[개막을 앞두고]

무엇보다도 정말 우승하는 것이죠. 그러기 위해서 자신이 얼마큼 팀에 공헌할 수 있을까하는 점에서 작년보다도 노력하고 싶다고 하는 것도 있습니다.

이 시점에서 더욱 더 자신을 몰아 쳐 올 해 더욱 좋은 시합을 하고 싶다고 생각하기 때문에 올 해도 잘 부탁드립니다.

5 표현학습

追い込む : 몰아치다. 몰아넣다. 총력을 다하다

例 こっからもっともっと自分を追い込んで、今年はもっといい試合したいなと思います。

이 시점에서 더욱 더 자신을 몰아 쳐 올 해 더욱 좋은 시합을 하고 싶다고 생각합니다.

문제 다음 한국어에 알맞게 일본어로 작문해 보시오.

① 자신을 몰아 치는 것은 별로 좋지 않다.

▶ _____

答 自分を追い込むことはあまりよくない。

② 사사로운 것이 기업을 파멸로 몰아넣었다.

▶ _____

答 ささいなことが企業を破滅に追い込んだ。

6 정리하기

▌「日本ハム大谷翔平野球選手のインタビュー」의 영상을 통한 일본 프로야구
▌관련된 단어와 표현

Clip >>>> 2

1 들어가기

학습내용

▌「駒大10区歴史的大逆転」의 영상을 통한 역사가 있는 일본의 하코네 역전 마라톤
▌관련된 단어와 표현

학습목표

▌「駒大10区歴史的大逆転」의 영상을 통해 역사가 있는 일본의 하코네 역전 마라톤
을 이해할 수 있다.
▌관련된 단어와 표현을 익혀 활용할 수 있다.

2 영상보기

▶ メディアⅡ「駒大10区歴史的大逆転」

[문제] 今年、箱根駅伝で総合優勝した大学は?
[해답] 駒沢大学

3 단어학습

□ 箱根駅伝	はこねえきでん	東京箱根間往復大学駅伝競走의 준말
□ 襷	たすき	어깨띠
□ 飛び出す	とびだす	뛰어 나오다

□	振り返る	ふりかえる	뒤돌아 보다
□	連覇	れんぱ	연승
□	満を持す	まんをじす	준비를 충분히 하고 대기하다
□	抜き去る	ぬきさる	앞지르다
□	首位	しゅい	1등
□	山男	やまおとこ	산 사나이
□	往路	おうろ	왕복로
□	出場	しゅつじょう	출전
□	焼き付ける	やきつける	뇌리에 새기다. 강한 인상을 주다
□	総合優勝	そうごうゆうしょう	종합우승
□	俯く	うつむく	머리를 숙이다. 아래 쪽으로 기울다
□	使い果たす	つかいはたす	다 써 버리다

4 해설강의

일본어

　21本のたすきに込められています。スタートまで、10秒を切りました。いよいよ走り出します。

　スタートしました。第97回箱根駅伝。この日を信じつづけた学生たちの晴れ舞台。21人が一斉に日比谷通りに飛びだしていきました。大手町のオフィス街に選手たちの足音が響きます。

　法政のエースの鎌田(かまた)が出る。ここで法政大学、先頭だ。うしろを振り返った。2メートル、2メートル開いた。2メートル開きました。先頭は法政大学の鎌田。

　青山学院は連覇を狙いますが、ちょっと後方です。あ、出た。法政大学の鎌田が出ました。ここで、あと1キロ。あと1キロ。満を持して、法政大学の3年生、鎌田が。

さあ、いま、イェゴン（イエゴン）・ヴィンセント（Yegon Vincent）がこの8人の集団につきまして、さあ、あるいは、この集団を一気に抜き去って行くんでしょうか。なんと、出ました。前に出ました。

　イェゴン（イエゴン）・ヴィンセントが、一気に抜き去りまして、さあ、はじめてトップで、戸塚東京国際。いま、タスキリレー。記録はどうか。出た。1時間5分49秒。

　1年生、来ました。一気にスピードをあげる。どうだ。並んで逆転。首位交代。東海大学、1年生の石原翔太朗で、首位に出ました。

　さあ、いま、左側から前に出ました。鉄紺（てつこん）の山男、宮下が、順位を三つあげて、いま、2位に上がりました。

　いま、竹石が止まりました。竹石が止まりました。

　さあ、91回大会、青山学院以来、6年ぶり。史上19校目の往路優勝が、近づいてきました。史上19校目、いま、テープを切りました。はじめての往路優勝、創価大学です。わずか出場4回目での往路優勝。

　大手町まで逃げる創価大学。スタートを迎えます。いま箱根の山にピストルの音が響きました。創価大学にとって、そして、多くの箱根駅伝ファンにとって、忘れられない景色となることでしょう。いま、右手を挙げた。創価大学がトップです。多くの人が、この瞬間を眼にやきつける。創価大学、トップでたすきを繋いだ。

　初優勝、総合優勝が色濃くなってきました。笑顔で、この鶴見中継所にやってきました。石津佳晃（いしづよしあき）、四年生。待ち受ける小野寺勇樹も笑顔。さあ、赤と青のユニホーム。レッドとブルーのカーペットを箱根路に敷いた。いま、総合優勝に向けてトップでタスキリレー。

　はじめての往路優勝を成し遂げて、はじめての総合優勝までひた走りに走ってきたトップ。いまちょっとうつむいた。今馬場先門（ばばさきもん）の交差点を、右にカーブをとる。ちょっと風もつよくなってきたのか。20年前、20年前、順天堂大学が駒沢大学を抜いて優勝したのが最後の10区、首位交代、くやしさ

を味わった20年前。その駒沢大学が、最後10区で、逆転して首位に立つのか。いけるか。さあ、ここで、いけるか、いけるか〜。首位交代。なんと。最終10区。21キロ手前で、首位が変わりました。信じてやってまいりました。いま、右手をあげた。あきらめることなく、箱根駅伝があることを信じて、走ることをやめなかった。一歩ずつ前にすすむことで見えてくる景色が変わりました。駒沢大学。つよい駒沢が、帰ってきました。13年ぶり、7回目、総合優勝、駒沢大学。

悔しいと思えるチームになった創価大学。準優勝。この悔しさを来年につなげます。10人走った中で四年生は3人。つまり、7人が来年に残ります。小野寺勇樹。すべての力を使い果たしました。すべてはこの日のために。

日テレによる

한국어 역

21개의 어깨띠(다스키)에 응축되어 있습니다. 스타트까지 10초도 안 남았습니다. 드디어 달리기 시작했습니다.

출발했습니다. 제97회 하코네역전마라톤. 이 날만을 믿어 온 학생들의 화려한 모습. 21명이 일제히 히비야도로 달려 나왔습니다. 오테마치 오피스거리에 선수들의 발 소리가 울립니다.

호세이의 에이스 가마타가 나온다. 여기서 호세이대학(法政大学) 선두다. 뒤를 돌아본다. 2미터, 2미터 벌렸다. 2미터 벌어졌습니다. 선두는 호세이대학의 가마타.

아오야마가쿠인(青山学院)은 연승를 노립니다만 조금 뒤에 있습니다. 아 나왔다. 호세이대학의 가마타가 나왔습니다. 여기에서 1키로, 1키로 남았습니다. 만반의 준비를 하고 기다린 호세이대학 3학년 가마타가.

자, 지금 옌·빈센토가 이 8명 집단에 붙어서, 아니면 이 집단을 단숨에 앞질러 나갈 것인지. 드디어 나왔습니다. 앞으로 나왔습니다.

옌·빈센토가 단숨에 앞질렀습니다. 처음 선두 도즈카도쿄코쿠사이(戸塚東京国際). 지금 다스키를 건넸습니다. 기록은 어떨까. 나왔습니다. 1시간 5분 49초.

1학년, 왔습니다. 단숨에 스피드를 올립니다. 어떤가. 늘어서다 역전. 선두가 바뀌었다. 동해대학 1학년 이시하라쇼타로, 선두로 나섰습니다.

자, 지금 왼쪽에서 앞으로 나왔습니다. 철색(동양대학) 산 남자 미야시타가 순위를 3개 올려 지금 2위로 올라섰습니다.

지금, 다케이시가 멈춰 섰습니다. 다케이시가 멈췄습니다.

자, 91회 대회. 아오야마가쿠인 이래 6년째. 역사상 19개교째의 왕복로우승이 가까워졌습니다. 역사상 19교째. 지금 테이프를 끊었습니다. 첫 왕복로 우승, 소카(創価)대학입니다. 겨우 출전 4번만에 왕복로 우승.

오테마치까지 달려가는 소카대학. 스타트를 기다립니다. 지금 하코네 산에 출발 신호소리가 울립니다. 소카대학에 있어서 그리고 많은 하코네에키덴 팬들에게 있어서 잊을 수 없는 모습이 되겠죠. 지금 오른 손을 들었다. 소카대학이 1등입니다. 많은 사람들이 이 순간을 눈에 새길 것입니다. 소카대학, 선두로 다스키를 건넸다.

첫 우승, 종합우승이 짙어졌습니다. 웃는 얼굴로 이 츠루미 중계소로 달려 왔습니다. 이시즈요시아키, 4학년생. 기다리는 오노데라유키도 웃는 얼굴. 자, 빨강과 파랑 유니폼. 빨강, 파랑 카펫을 하코네 도로에 깔았다. 지금 종합우승을 향해 선두로 다스키를 건넸다.

첫 왕복로 우승을 이루고 첫 종합우승까지 오로지 달리기만 한 선두주자. 지금 조금 몸이 기울어졌다. 지금 바바사키몬 교차로를, 오른쪽으로 커브를 돈다. 조금은 바람도 강해진 것인가. 20년전, 20년전, 쥰텐도대학이 고마자와대학을 뿌리치고 우승한 것이 마지막 10구, 선두 바뀜, 분함을 맛 보았던 20년전. 그 고마자와대학이 마지막 10구에서 역전하여 1등으로 올라서는가. 갈 수 있을까. 자 여기에서 갈 수 있을까, 갈 까. 선두 바뀌었습니다. 소위 마지막 10구에서, 21킬로 바로 앞에서 1등이 바뀌었습니다. 믿고 해 왔습니다. 지금 오른 손을 들었다. 포기하지 않고 하코네 역전마라톤이 있는 것을 믿고 달리기를 멈추지 않았다. 한 발씩 앞으로 전진하는 것으로 보이는 모습이 바뀌었습니다. 고마자와 대학. 강한 고마자와가 돌아 왔습니다. 13년만에, 7번째, 종합우승, 고마자와 대학.

분하다고 생각하는 팀이 된 소카대학. 준우승. 이 분함을 내년으로 연결시킵니다. 10명 달린 중에 4학년은 3명. 다시 말해 7명이 내년에 남습니다. 오노데라 유키. 모든 힘을 다 쏟았습니다. 모두 이 날을 위해서.

5 표현학습

> ▌満(まん)を持す：준비를 충분히 하고 대기하다.
>
> 例 満を持して、法政大学の3年生、鎌田が。
> 만반의 준비를 하고 기다린 호세이대학 3학년 가마타가.

문제 다음 한국어에 알맞게 일본어로 작문해 보시오.

① 그녀는 만반의 준비를 해서 일본데뷔 싱글을 발매했다.

▶ _____

答 彼女は満を持して日本デビューシングルを発売した。

② 이번은 충분히 준비한 후의 출판이다.

▶ _____

答 今回は満を持しての出版である。

▌「駒大10区歴史的大逆転」의 영상을 통한 역사가 있는 일본의 하코네 역전 마라톤
▌관련된 단어와 표현

제10과

Clip >>> 3

1 　들어가기

학습내용

▮「羽生結弦君」의 영상을 통한 일본의 남자 피겨스케이팅
▮ 관련된 단어와 표현

학습목표

▮「羽生結弦君」의 영상을 통한 일본의 남자피겨스케이팅을 이해할 수 있다.
▮ 관련된 단어와 표현을 익혀 활용할 수 있다.

2 　영상보기

▶ メディアⅢ「羽生結弦君の映像」

［문제］ 映像に出た羽生結弦君の年はいくつですか?
［해답］ 18歳。

3 　단어학습

押える	おさえる	누르다. 꺾다
頂点	ちょうてん	정점
順位	じゅんい	순위
完成度	かんせいど	완성도

194　미디어 일본어

	四回転	よんかいてん	4회전
	全身	ぜんしん	전신
	溢れ出る	あふれでる	흘러나오다. 넘쳐나다
	演技	えんぎ	연기
	迫る	せまる	다가가다. 닥쳐 오다
	躍り出る	おどりでる	두드러진 지위에 오르다
	あどけない		천진난만하다
	急成長	きゅうせいちょう	급성장
	悪夢	あくむ	악몽
	しゃがむ		움추리다
	新天地	しんてんち	신천지

4 해설강의

일본어

　去年のクリスマス前、18歳のシンデレラボーイがあの高橋大輔選手をおさえ、ついに日本の頂点に立ちました。

「最終順位は第一位です」

　彼の名は羽生結弦(はにゅうゆづる)。完成度の高い4回転ジャンプと全身からあふれ出る情熱的な演技。1年2か月後に迫ったソチオリンピックの金メダル候補におどり出ました。あどけなさの残る少年がみせた急成長。その陰には忘れえぬあの悪夢と、ふるさとの暖かい支えがありました。

「自分は、もうスケートできないんじゃないかなっていうふうに思いました。だからこそ、ここまで来れたっていうのは、まず、自分の力だけじゃない」

　人は、しゃがんだ分だけ高く飛べる。新天地へ旅立った羽生選手の決断に迫ります。

BS-TBSによる

작년 크리스마스 전, 18세의 신데렐라 보이가 그 다카하시 다이스케 선수를 누르고 결국 일본의 정점에 섰습니다.

[최종순위는 제1위입니다.]

그의 이름은 하뉴 유즈루. 완성도가 높은 4회전 점프와 몸 전체에서 흘러나오는 정열적인 연기. 1년 2개월후로 다가온 소치 올림픽의 금메달 후보로 출전했습니다. 천진난만함이 남아있는 소년이 보인 급성장. 그 저변에는 잊을 수 없는 그 악몽과 고향의 따뜻한 지원이 있었습니다.

[저 자신은 이젠 스케이트 탈 수 없는 것 아닌가 하고 생각했습니다. 그렇기 때문에 여기까지 올 수 있었다고 하는 것은 우선 저 자신의 힘만은 아닙니다.]

사람은 움츠린 분 만큼 높이 날 수 있다. 신천지로 떠나는 하뉴선수의 결단에 포커스를 맞추겠습니다.

5 표현학습

■ ついに : 결국

例 ついに日本の頂点に立ちました。

결국 일본의 정점에 섰습니다.

문제 다음 한국어에 알맞게 일본어로 작문해 보시오.

① 일본은행은 결국 마이너스금리에 발을 들여놓았다.

▶ _____

答 日銀はついにマイナス金利に足を踏み入れた。

② 결국 올림픽이 개막되었다.

▶ _____

答 ついにオリンピックが開幕した。

6 정리하기

■ 「羽生結弦君」의 영상을 통한 일본의 남자 피겨스케이팅

■ 관련된 단어와 표현

Clip >>>> 4

1 들어가기

학습내용

▌「白鳳の優勝インタビュー」의 영상을 통한 일본의 스모(相撲)

▌관련된 단어와 표현

학습목표

▌「白鳳の優勝インタビュー」의 영상을 통해 일본의 스모(相撲)를 이해할 수 있다.

▌관련된 단어와 표현을 익혀 활용할 수 있다.

2 영상보기

▶ メディアⅣ「白鳳の優勝インタビュー」

문제 白鳳関にとって今回は何回目の優勝ですか?

해답 36回目。

3 단어학습

	土俵	どひょう	씨름판
	一旦	いったん	일단
	力士	りきし	씨름꾼, 장사
	果たす	はたす	완수하다. 이루다

☐	賜杯	しはい	우승배
☐	感触	かんしょく	감촉
☐	遠ざかる	とおざかる	멀어지다
☐	横綱	よこづな	요코즈나, 씨름꾼의 최고위
☐	休場	きゅうじょう	(씨름꾼이) 쉬어 출장하지 않음
☐	終盤	しゅうばん	종반
☐	苦悩	くのう	고뇌
☐	気迫	きはく	기백, 기개
☐	圧倒する	あっとうする	압도되다
☐	地元	じもと	그 지방, 자기의 생활 근거지
☐	引っ張る	ひっぱる	당기다. 끌고 가다

4 해설강의

일본어

土俵下に一旦、白鳳が下りました。続いて優勝インタビューです。

「ここで、優勝力士インタビューであります。インタビューはNHK沢田石和樹 (さわだいしかずき)アナウンサーであります。」

「それでは優勝インタビューです。36回目の優勝を果たしました白鳳関です。おめでとうございます。」

「どうもありがとうございます。」

「4場所ぶりに抱いた賜杯の感触、喜びはどうですか?」

「そうですね、やっぱり8か月の長い間優勝から遠ざかっていましたので…」

「この優勝までの間は横綱として初めての休場もあって、そして終盤星を落とす場面もありました。やはりなにかこう色々苦悩、思うところもあったんでしょうか?」

「まあ、今まで…」

「今場所は、ただ終盤、初優勝をめざす両大関に対して本当に気迫、内

容で圧倒しました。やはり強い思いというのはありましたか?」

「ええ、ほんとうに地元の大関、豪栄関、それから稀勢関がね、引っ張ったから、私もいい相撲とれたんじゃないかと思います。」

NHKによる

한국어 역

씨름판 밑으로 일단 하쿠호가 내려왔습니다. 다음은 우승인터뷰입니다.

[여기에서 우승장사 인터뷰입니다. 인터뷰는 NHK 사와다이시 가즈키 아나운서입니다.]

[그럼 우승인터뷰입니다. 36번째 우승을 거둔 하쿠호 제키입니다. 축하 드립니다.]

[고맙습니다.]

[4번째 대회 만에 안은 우승컵의 감촉, 기쁨은 어떻습니까?]

[글쎄요. 역시 8개월 간의 긴 기간 우승에서 멀어져 있어서요…]

[우승까지의 기간은 요코즈나로서 처음 맞는 결장도 있었고 종반에 패하는 장면도 있었습니다. 역시 뭐라고 할까요 여러가지 고뇌, 생각할 것도 있었지요?]

[예, 지금까지…] [이번 대회는 그저 종반 첫 우승을 노리는 양 오제키에 대해서 정말로 기백, 내용면에서 압도적이었습니다. 역시 강하게 생각하는 것이 있었습니까?]

[예. 정말 같은 지역 출신의 고에이제키, 그리고 기세제키가 앞에서 열심히 당겨줘서 저도 경기를 잘 할 수 있었지 않았나 하고 생각합니다.]

---

5 표현학습

星を落とす : 패하다

[例] そして終盤星を落とす場面もありました。

그리고 종반에 패하는 장면도 있었습니다.

[문제] **다음 한국어에 알맞게 일본어로 작문해 보시오.**

① 요코즈나가 첫날부터 패하는 이변이 일어났다.

▶ _____

[答] 横綱が初日から星を落とす異変が起きた。

② 스모에서 구로마루는 패했다는 의미이다.

▶ _____

6 정리하기

▌「白鳳の優勝インタビュー」의 영상을 통한 일본의 스모(相撲)

▌관련된 단어와 표현

▌ 箱根駅伝とは

関東学連加盟大学のうち、前年大会でシード権を獲得した10校と、予選会を通過した関東学連選抜を加えた合計20チームが出場するものである。

東京・読売新聞東京本社前〜箱根・芦ノ湖間を往路5区間(108.0Km)、復路5区間(109.9Km)の合計10区間(217.9Km)で競う、学生長距離界最大の駅伝競走である。

▌ 箱根駅伝の歴史

箱根駅伝が誕生したのは、1920年(大正9)、今から90年も前のことである。

創設の原動力になったのは、マラソンの父として知られる金栗四三(かなぐり しそう)らの「世界に通用するランナーを育成したい」との思いだった。金栗は、学生時代に日本が初参加した1912年(明治45)のストックホルム五輪にマラソン代表として出場したが、途中棄権に終わり、失意のまま帰国した。

そうした中で、1917年(大正6)に日本で初めての駅伝「東海道駅伝」が、京都三条大橋と東京・上野不忍池(しのばずのいけ)間で行われた。読売新聞社が上野で開く大博覧会の協賛イベントとして企画したもので、京都—東京516キロを23区間に分け、三日間、昼夜兼行で走り継ぐ壮大なたすきリレーだ。

東西対抗で行われたレースは、大成功を収め、これが箱根駅伝の「原型」となった。

「東海道駅伝」の成功に意を強くした金栗らは、大学や師範学校、専門学校に箱根駅伝創設の意義を説いて参加を呼びかけ、早稲田大学、慶応大学、明治大学、東京高師(現筑波大学)の四校が応じたというのが、創設のいきさつである。第1回大会が「四大校駅伝競走」の名称で行われたのは、こうした事情によるものだ。箱根駅伝の創設は、当時のスポーツ界のパイオニアたちの果てしなきエネルギーが実を結んだものでもあった。

金栗四三氏　昭和42年3月29日
半世紀ぶりのストックホルム（折り返し地点にて）

金栗四三氏　昭和42年3月29日
半世紀ぶりのストックホルム

　当時は、多くの犠牲者を出した第1次世界大戦が終わったばかり。工場地帯が次第に西に延びて、大動脈の東海道も道幅が広がった。スポーツ界にも、こうした時代の空気を反映して次第に「やってやろうじゃないか」という挑戦心と気概が満ち溢れつつあった。

▌出場方法

　関東学生陸上競技連盟に加盟している大学であれば、どこでも出場資格がある。

　正月の本戦に出場できるのは20チームだが、前回の大会で10位までに入った大学は出場権を手にするため、残りを予選会で争うことになる。

　例年10月に行われる予選会では、20キロのコースを一斉に走り、各校上位10名の合計タイムと関東インカレの成績に基づくポイント制との併用により9チームを決定する（残り1つは関東学連選抜チームが参加）。

提供：読売新聞社

第1回箱根駅伝
（1920年2月14日〜15日）
東京高等師範学校優勝

提供：読売新聞社

報知新聞：第一回箱根駅伝（1920年02月15日）

　予選会では走り終わっても予選を通過したか否かは、結果発表の場で関東学生競技連盟の幹事長が通過校を読み上げるまでは知らされず、毎年数多くのドラマが生まれ、予選会にも数多くの箱根ファンが詰め掛ける。

出典：箱根駅伝公式Webサイトより
http://www.hakone-ekiden.jp/index.php

제11과

일본인의 취미

Clip >>>> 1

1 들어가기

학습내용

▌「犬猫の殺処分ゼロへ」의 영상을 통한 일본 애완동물의 현 실태
▌관련된 단어와 표현

학습목표

▌「犬猫の殺処分ゼロへ」의 영상을 통한 일본 애완동물의 현 실태를 이해할 수 있다.
▌관련된 단어와 표현을 익혀 활용할 수 있다.

2 영상보기

▶ メディアⅠ「犬猫の殺処分ゼロへ」

[문제] 処分数ゼロを目指すために松本さんは何が大事だと言っていますか?

[해답] 相手がちゃんと話を聞いてもらえる状態で話をすること。

3 단어학습

☐	鎖	くさり	쇠사슬, 관계
☐	繋ぐ	つなぐ	매다, 연결하다
☐	処分	しょぶん	처분
☐	繁殖	はんしょく	번식

□	飼い主	かいぬし	사육주, 주인
□	一気に	いっきに	단숨에, 일거에
□	引き取る	ひきとる	맡다. 숨을 거두다
□	苦情	くじょう	불평, 고충
□	殺処分	さっしょぶん	살처분
□	地道だ	じみちだ	착실하고 성실하다. 견실하다
□	詰め込む	つめこむ	처 넣다
□	瀕死	ひんし	빈사
□	手間	てま	품. 수고
□	割く	さく	가르다. 할애하다
□	排泄	はいせつ	배설

4 해설강의

일본어

松本さんの指導を受け、鎖をつなぐことを約束した。

「相手が怒ったらほんと終わりなんでですね。ちゃんと話を聞いてもらえる状態でお話をすることが大事かな。ほんとに処分数ゼロというのを、目指してやっていく時に、そういったところにひとつひとつ時間をかけていかないと、ほんと変わっていかないんじゃないかなというのはすごく感じます。」

5日後、松本さんの元に嬉しい知らせが入った。アパートの一室で犬を繁殖させていたあの男性。

約束通り飼い主募集の新聞広告を出した。

「これを出して、一気に12頭、話があったというか。」

「うん」

後日、男性の自宅を再び訪ねてみると、12頭の犬はそれぞれ新たな飼い主に引き取られていた。

「絶対に処分しないでくださいという電話が20件ほどあったです。絶対にそれはせんけん言うて、みんな良い人ばっかりですね。本当に助かったです。」

　庭で大量の犬を飼っていたあの男性も、今は犬を鎖でつなぎ、センターへの苦情は届いていないという。近々登録もすると話している。

「最後まで自分で面倒を見ようと思うよ。」

「うん」

「あの、殺処分とかせずに、うん」

　こうした地道な努力によって、引き取り件数は大幅に減った。かつてはこの施設にぎっしり犬たちを詰め込まなければならなかったが、今では広いスペースで保護できる。そのため、病気も減った。職員にも余裕がうまれ、瀕死の重傷を負った犬や猫の治療もおこなう事ができる。世話に手間がかかるため、真っ先に殺処分されていた子犬にも時間をさけるようになった。

「排せつも、母犬が刺激するように手伝ってあげないと、おしっことかうんちもしないんです。」

日本テレビ News Zeroによる

한국어 역

　마츠모토 씨의 지도를 받아 사슬을 매어 놓을 것을 약속했다.

　[상대가 화를 내면 정말 끝이니까요, 확실하게 이야기를 들어 줄 상태에서 이야기를 하는 것이 중요하다고 할까요. 정말 살처분 수 제로라고 하는 것을 목표로 해서 갈 때에 그러한 것에 하나하나 시간을 들여가지 않으면 정말 바뀌어 가지 않는 게 아닌가 하는 것을 느낍니다]

　5일후, 마츠모토씨 쪽으로 기쁜 소식이 들어 왔습니다. 아파트의 한 공간에서 개를 번식시키고 있던 그 남성. 약속대로 개주인 모집 신문광고를 냈습니다.

　[이걸 내서, 한꺼번에 12마리, 이야기가 있었다고 할까요]

　[예]

　다음날, 남성의 자택을 다시 방문하자 12마리의 강아지가 각각 새로운 주인에게 양도되어져 있었다.

　[절대 처분하지 말아달라고 하는 전화가 20건 정도 있었습니다. 절대로 처분 안 하겠습니다 라고 했어요. 모두 좋은 사람들 뿐이에요. 정말로 도움이 많이 됐습니다]

　뜰에서 대량으로 개를 기르고 있던 그 남성도, 지금은 개를 묶어놓고 있어, 센터에 민원이 들어오고 있지 않다고 한다. 조만간 등록도 한다고 하고 있다.

　[마지막까지 스스로 돌보려고 생각해요]

　[예]

[살처분 같은 거 하지 않고]

　이러한 세심한 노력에 의해서 인수 건수는 대폭 줄었다. 일찍이 이 시설에 개들을 꽉 차게 쳐 넣지 않으면 안되었는데 지금은 넓은 공간에서 보호할 수 있다. 그래서 병도 줄었다. 직원에게도 여유가 생겨 빈사상태의 중상을 입은 개나 고양이 치료도 행할 수 있다. 돌보는 데 손이 많이 가기 때문에 바로 살처분 되었던 강아지에게도 시간을 사용할 수 있게 되었다.

　[배설도 엄마 개가 자극하도록 도와주지 않으면 소변이나 대변을 보지 않습니다]

5　표현학습

■ **かつて** : 「以前」「昔」의 의미. 「かつてない」와 같이 부정표현이 되면 「지금까지는 한번도 없다」고 하는 의미가 됨.

　[例] かつてはこの施設にぎっしり犬たちを詰め込まなければならなかった。

　　이전에는 이 시설에 꽉 차게 개들을 가득 처넣지 않으면 안 되었다.

[문제] 다음 한국어에 알맞게 일본어로 작문해 보시오.

　① 이 부근은 이전에는 유명한 보리 산지였다.

　▶ _____

　　[答] このあたりは、かつては有名な麦の産地だった。

　② 이번 지진은 일찍이 없을 정도의 규모가 될 우려가 있다.

　▶ _____

　　[答] 今度の地震は、かつてないほどの規模になる恐れがある。

6　정리하기

■ 「犬猫の殺処分ゼロへ」의 영상을 통한 일본 애완동물의 현 실태
■ 관련된 단어와 표현

Clip ≫≫ 2

1 들어가기

학습내용

▎「ネトゲ依存症」의 영상을 통한 현재 일본의 게임에 의한 폐해
▎관련된 단어와 표현

학습목표

▎「ネトゲ依存症」의 영상을 통해 현재 일본의 게임에 의한 폐해를 이해할 수 있다.
▎관련된 단어와 표현을 익혀 활용할 수 있다.

2 영상보기

▶ メディアⅡ「ネトゲ依存症」

[문제] 坂口徹さんが起きて最初することは何ですか?

[해답] パソコンのスイッチを入れる事。

3 단어학습

☐	没頭	ぼっとう	몰두
☐	引き籠る	ひきこもる	틀어 박히다
☐	無職	むしょく	무직
☐	覚ます	さます	깨다

☐	朝方	あさがた	해뜰 무렵, 아침결
☐	離れ	はなれ	별채 (離れ家(はなれや)의 준말)
☐	自衛隊	じえいたい	자위대
☐	入隊	にゅうたい	입대
☐	転身	てんしん	주의, 주장, 직업을 바꿈
☐	取り付く	とりつく	매달리다. 착수하다. (귀신) 들리다
☐	萎える	なえる	시들다. 사라지다
☐	気さくだ	きさくだ	소탈하다. 싹싹하다
☐	共有する	きょうゆうする	공유하다
☐	覚める	さめる	깨다. 눈이 뜨이다
☐	知り合う	しりあう	서로 알게 되다

4 해설강의

일본어

一日中、インターネットに没頭し引きこもった生活を送っている男性に出会いました。

坂口徹(さかぐちとおる)さん、35歳無職。彼が目を覚ますのはだいたい昼の12時過ぎ。

毎日朝方まで起きているため、昼と夜が逆転した生活を送っています。彼が起きて、まず、やることは、パソコンのスイッチを入れる事です。

仕事を辞め、この椅子に座り続けて、すでに1年。今や体重は50キロも増え150キロを超えてしまいました。何が、彼をそうさせたのでしょうか。

坂口さんは年をとった母親と二人暮らし。彼の住まいは自宅の離れです。この部屋で坂口さんはひたすらオンラインゲームをしています。外に出ることはほとんどありません。

坂口さんは高校卒業後、自衛隊に入隊。自衛官として一年間すごし、サ

ラリーマンに転身。

　会社に通っていた5年前からオンラインゲームの魅力に取りつかれました。そして、おととし、会社も辞め、次第に引きこもるようになりました。

「まあ、今はこんなんだけど、もともとは職ついてたときだって、休み？休みの時なんか、もう朝から晩までやってましたからね。やる気がなえないかぎりは」
「うん」
「うん、まあ、いろんな趣味はあるけれど、人との繋がりっ、つーのがな」
「うん」
「気さくにいろんな人とグループで遊びに行ける」
「別に俺、外にどっか行くとか友人がいるんじゃないすから、ほんとに友人なんか今いませんからね。そうするとあとは、こういう中のチャットくらいしかないからね。まあ、それもなかったら、ほんと話す相手って家族しかいませんからね」

　坂口さんがやっているオンラインゲームは、同時に2万人以上のプレイヤーが一つの世界を共有し遊ぶことができます。月におよそ1000円のゲーム代を払えば何十時間でも好きなだけ続けることができるのです。ゲームをしながら食べ続け、寝て、目が覚めればまたパソコンの前という毎日。
　ゲームで知り合った10人ほどのメンバーとは、ほぼ毎日画面の中で会います。主婦やサラリーマン、学生など実際の相手の顔は知りません。

NNN ドキュメント05による

한국어 역

하루 종일 인터넷에 몰두하며 틀어박힌 생활을 보내고 있는 남성을 만났습니다.
사카구치 도루씨, 35세 무직. 사카구치 씨가 눈을 뜨는 것은 대개 낮 12시 넘어서.
매일 아침까지 일어나 있기 때문에 낮과 밤이 역전된 생활을 보내고 있습니다. 사카구치 씨가 일어나서 우선 하는 것은 퍼스널 컴퓨터의 스위치를 켜는 것입니다.
일을 그만두고 이 의자에 계속 앉아있은 지 이미 1년. 지금은 체중이 50키로나 늘어 150키로를 넘어버렸습니다. 무엇이 사카구치 씨를 이렇게 만든 것일까요?
사카구치 씨는 나이 든 어머니와 둘이서 삽니다. 사는 곳은 자택에서 떨어진 곳입니다. 이 방에서 사카구치 씨는 전적으로 온라인 게임을 하고 있습니다. 밖에 나가는 경우는 거의 없습니다.

사카구치 씨는 고등학교 졸업 후 자위대에 입대. 자위관으로서 1년간을 보내고 셀러리맨으로 이직. 회사를 다니고 있던 5년 전부터 온라인 게임의 매력에 사로잡혔습니다. 그리고 재작년 회사를 그만두고 차츰 틀어 박히게 되었습니다.

[지금은 이렇지만, 본래 직장이 있었을 때는 말이에요, 쉴 때는요, 아침부터 저녁까지 했었으니까요. 하고 싶은 마음이 없어지게 될 때까지는요.]

[예]

[음, 여러가지 취미가 있지만 사람과의 관계라고 하는 게 말이죠.]

[음]

[편하게 여러 사람과 그룹으로 놀러갈 수 있어요.]

[별로 저, 밖에 어딘가로 간다든지 친구가 있는 것이 아니어서, 정말 친구 따윈 지금 없으니까요. 그렇다면 그 다음은, 이런 게임 속에서의 채트 정도밖에 없으니까요. 이것도 없었다면 정말 이야기할 상대가 가족밖에 없으니까요]

사카구치 씨가 하고 있는 온라인 게임은 동시에 2만 명 이상의 플레이어가 하나의 세계를 공유하여 놀 수가 있습니다. 한 달에 약 1000엔 게임요금을 내면 몇 십 시간이라도 좋아하는 만큼 계속할 수가 있는 것입니다. 게임을 하면서 계속 먹고, 자고, 눈을 뜨면 또 퍼스널 컴퓨터 앞이라고 하는 매일. 게임으로 안 10명 정도의 멤버는 거의 매일 화면 속에서 만납니다. 주부나 셀러리맨, 학생 등 실제 상대의 얼굴은 모릅니다.

5 표현학습

気さくだ : 소탈하다. 까다롭지 않고 싹싹하다. 상냥하다. 편안하다

例 気さくにいろんな人とグループで遊びに行ける。

소탈하게 여러 부류의 사람과 그룹을 지어 놀러 갈 수 있다.

문제 다음 한국어에 알맞게 일본어로 작문해 보시오.

① 아이에게도 친절하고 싹싹하게 이야기를 걸고 있는 국왕의 모습이 뉴스에서도 보도되었다.

▶ _____

答 子どもにもやさしく気さくに話しかけている国王の様子が、ニュースでも報道された。

② 점장의 소탈한 성품이 가게에 손님이 모여드는 이유가 되어있다.

▶ _____

[答] 店長の気さくな人柄が、店に客が集まる理由となっている。

6 정리하기

▌「ネトゲ依存症」의 영상을 통한 현재 일본의 게임에 의한 폐해

▌관련된 단어와 표현

Clip >>>> 3

1 들어가기

학습내용

▌「コミケ」의 영상을 통한 일본인의 취미

▌관련된 단어와 표현

학습목표

▌「コミケ」의 영상을 통한 일본인의 취미를 이해할 수 있다.

▌관련된 단어와 표현을 익혀 활용할 수 있다.

2 영상보기

▶ メディアⅢ「コミケ」

문제 | コミケとは何ですか?

해답 | 日本を代表するサブカルチャーの祭典。

3 단어학습

	臨海線	りんかいせん	東京臨海高速鉄道의 철도노선
	始発	しはつ	첫 차
	異様だ	いようだ	색다르다. 이상하다
	包まれる	つつまれる	휩싸이다

☐	**抜ける**	ぬける	빠지다. 없어지다
☐	**通称**	つうしょう	통칭
☐	**祭典**	さいてん	제전
☐	**初日**	しょにち	첫 날
☐	**割り込む**	わりこむ	끼어들다. 새치기하다
☐	**防止**	ぼうし	방지
☐	**棒金**	ぼうきん	포장경화, 은행에서 한 덩어리로 포장한 동전 다발
☐	**割る**	わる	나누다. 쪼개다
☐	**お札**	おさつ	지폐
☐	**小銭**	こぜに	동전
☐	**意外に**	いがいに	의외로

---

4 해설강의

> 일본어
>
> 　今日、臨海線国際展示場駅は始発から異様な空気に包まれていた。すると、
> 「えー、臨海線の始発が到着しました。たくさんの人たちが走って改札を抜け
> ていきます。」
> 　目指す先はコミックマーケット、通称コミケの会場。コミケとは日本を代表する
> サブカルチャーの祭典。毎年3日間でおよそ50万人もの人が訪れる一大イベ
> ント。今年も初日におよそ18万人が訪れた。そんなコミケには様々なルールが
> あった。例えば、
> 「みなさん、なんで今、手を挙げて歩いているんですか」
> 「基本的に列、動くときは手を挙げて。この人達が列ですというのが分かるよ
> うにしていますね」
> 　列に並んで移動するときは手を挙げて並んでいるアピール。これで割り込み

を防止している。それ以外にも。

「ぴん棒金は4本ですね。必要に応じて割るって感じですね。」

「一冊がそんなに高くなくて、500円とか数百円なんで、あんまりおっきいお札でお釣りをたくさんってなると向こうも迷惑ですし。だからこうやって、ちょうどいいかんじで小銭をたくさん 持ち歩くようにしています」

　皆さん意外に気を遣っている。

TBSテレビ ニュースワードランキングによる

한국어 역

오늘 린카이선 국제전시장역은 첫 차부터 이상한 기운에 휩싸여 있었다. 그러자
[린카이선 첫 차가 도착했습니다. 많은 사람들이 달려 나와 개찰구를 빠져 나갑니다.]
　목적지는 코믹마켓, 통칭 코미케 회장. 코미케라는 것은 일본을 대표하는 서브컬처제전. 매년 3일간 약 50만명이나 되는 사람이 찾아오는 커다란 이벤트. 올 해도 첫날 약 18만명이 찾아왔다. 이러한 코미케에는 여러가지 룰이 있다. 예를 들면
[여러분, 왜 지금 손을 들고 걷고 있는 겁니까?]
[기본적으로 열 움직일 때는 손을 들고, 이 사람들이 열입니다 하는 것을 알 수 있도록 하고 있지요]
열을 지어 이동할 때는 손을 들어 늘어서 있음을 어필. 이것으로 새치기를 방지하고 있다. 그 밖에도,
[핀 동전다발은 4개지요. 필요에 따라 나눈다고 하는 식이죠]
[한 권이 그렇게 비싸지 않아서 500엔이라든지 몇 백원이어서, 너무 큰 지폐여서 거스름 돈이 많아지게 되면 파는 사람에게도 폐가 되니까요. 때문에 이렇게 해서 마치 좋은 상태로 동전을 많이 가지고 다니도록 하고 있습니다.]
　모두들 의외로 신경을 쓰고 있네요.

---

5 ▼ 표현학습

▌割り込む : 끼어들다. 새치기 하다

[例] これで割り込みを防止している。

　　이것으로 새치기를 방지하고 있다.

[문제] 다음 한국어에 알맞게 일본어로 작문해 보시오.

① 순서를 기다리는 열에 끼어드는 행위는 좋지 않다.

▶ _____

〔答〕 順番待ちの列に割り込む行為はよくない。

② 어제 끼어들기 운전을 해 와서 너무 화가 났습니다.

▶ _____

〔答〕 昨日、割り込み運転をされて、とても腹が立ちました。

6 정리하기

▎「コミケ」의 영상을 통한 일본인의 취미
▎관련된 단어와 표현

제11과

Clip »»» 4

1 들어가기

학습내용

「グルメ」의 영상을 통한 일본인의 취미

관련된 단어와 표현

학습목표

「グルメ」의 영상을 통해 일본인의 취미를 이해할 수 있다

관련된 단어와 표현을 익혀 활용할 수 있다

2 영상보기

▶ メディアⅣ 「グルメ」

문제   映像で紹介している店はどこにありますか?

해답   亀戸。

3 단어학습

	直営店	ちょくえいてん	직영점
	卸業者	おろしぎょうしゃ	도매업자
	卸	おろし	도매
	覗く	のぞく	엿보다

□	**お得感**	おとくかん	이득을 본 느낌
□	**大絶賛**	だいぜっさん	극찬
□	**一見**	いっけん	언뜻 보기에
□	**安価**	あんか	싼 가격
□	**負けず劣らず**	まけずおとらず	막상막하로, 호각으로
□	**携わる**	たずさわる	관여하다
□	**目利き**	めきき	감별, 감정
□	**一目**	ひとめ	한번 봄
□	**光沢**	こうたく	광택
□	**噛み応え**	かみごたえ	씹는 느낌
□	**肉汁**	にくじる	육즙

4 해설강의

일본어

つづいて

「亀戸にやってきました。」

2軒目の直営店は…

「萬清！ こちらのお店ですね。そして、きてください。こっちに。お肉卸業者の店と書いてありますね。」

　確かに卸の文字がでかでかと。店内を覗くとどうやらとんかつ屋さんのようだが。

「このボリュームとこの味についてはお得感がありますね。」

「たべて美味しかった～って思える店が、ここの、とんかつ!」

お客大絶賛のそのとんかつがこれだあ～

「はい、どうぞ。」

「わ～。おっきなとんかつですね。」

出てきたのは一見普通のとんかつ。しかし驚くのは直営店ならではのそのお値段。

「680円です。」

「えっ、680円！」

「はい、キャベツ、ご飯、おかわり自由です。」

「えっ、おかわり自由なんですか。」

「はい」

「680円は、ほんとに安い。」

　ランチに使うお肉は安価ながら味はロースに比べて負けず劣らずというもも肉。さらに、直営店ならではのコストカットでこの値段が実現できたという。しかも、ただ安いだけじゃない。

「38年肉の卸業界に携わっているもんで、その目利きを利用して、この美味しいとんかつをやっております。」

　そう。実はご主人、都内で10本の指に入る豚肉界の目利き王。一目見るだけで美味しい豚肉かどうかが分かるという。

「光沢で、はちみつ塗ったようなこのつやがあるのがいいです。」

　もちろん、店で使うのはご主人の眼鏡にかなったつやつやの豚肉のみ。それを粗めのパン粉でお化粧して160℃の低温で揚げること5分。中はジューシー、外はサクサクのとんかつが完成。

　ご主人自慢のその味は、

「いただきまーす。」

「すごく厚みがあるので、嚙みごたえもあるのかなと思ったら、ほんっとにやわらかくてふんわりしてます。衣がさっくさくでジューシーな肉汁が、こう、マッチしてすごくおいしいです。」

日本テレビ News everyによる

한국어 역

다음은,

[가메이도에 왔습니다.]

2번째의 직영점은…

[만세이! 이 가게입니다. 그리고 와 주십시오. 이 쪽으로. 고기 도매업자의 가게라고 쓰여져 있지요]

확실하게 도매라고 하는 글자가 큼직하게. 가게 안을 들여다보니 아무래도 돈까스 가게인 것 같습니다만.

[이 볼륨과 이 맛에 대해서는 횡재한 느낌이 들지요.]

[먹고 맛있었다고 생각할 수 있는 가게가, 이 곳의 돈까스!]

손님이 극찬하는 그 돈까스가 이것입니다.

[자 드십시오.]

[와! 커다란 돈까스군요!]

나온 것은 언뜻 보기에는 보통 돈까스. 하지만 놀랄 것은 직영점이 아니고서는 할 수 없는 그 가격.

[680엔입니다.]

[예! 680엔!]

[예. 양배추, 밥은 마음대로 드셔도 됩니다.]

[예! 마음대로 먹어도 됩니까?]

런치에 사용하는 고기는 싸면서도 맛은 로스와 비교해도 막상막하인 넓적다리 살. 게다가 직영점이 아니고서는 할 수 없는 코스트 컷을 해서 이 가격을 실현할 수 있었다고 한다. 더군다나 단지 싼 것만은 아니다.

[38년 고기 도매업계에 종사해 온 사람으로서 그 판별하는 능력을 이용해서 이 맛있는 돈까스를 만들고 있습니다.]

그렇다. 실은 가게 주인. 도내에서 열 손가락 안에 드는 돼지고기 계의 판별왕! 한 번 보는 것 만으로 맛있는 돼지고기인지 어쩐지를 안다고 한다.

[광택이 있고 벌꿀 바른 것 같은 이런 광택이 있는 것이 좋습니다.]

물론 가게에서 사용하는 것은 가게주인의 안경에 필적하는 광택나는 돼지고기 뿐. 그것을 거친 빵가루로 입혀 160도의 저온에서 튀기는 것 5분. 속은 육즙이 많아 농후하고 바깥은 바삭바삭한 돈까스가 완성.

가게주인이 자랑하는 그 맛은,

[잘 먹겠습니다.]

[꽤 볼륨이 있어서 씹는 느낌도 있을까 하고 생각했더니 정말 부드럽고 부풀어 탄력이 있습니다.겉이 바삭바삭하고 농후한 육즙이, 이렇게 매치되어서 정말 맛있습니다.]

---

5 표현학습

▌～ならではの : ～개(이) 아니고서는 할 수 없는, ～여서 알맞은

例 しかし驚くのは直営店ならではのそのお値段。

하지만 놀랄 것은 직영점이 아니고서는 할 수 없는 그 가격.

문제 다음 한국어에 알맞게 일본어로 작문해 보시오.

① 그 회사는 여성이어서 알맞은 집을 짓고 있다.

▶ _____

答 あの会社は女性ならではの家を作っている。

② 교토시는 교토가 아니고는 할 수 없는 학교교육을 목표로 하고 있다.

▶ _____

答 京都市は京都ならではの学校教育をめざしている。

6 정리하기

▌「グルメ」의 영상을 통한 일본인의 취미

▌관련된 단어와 표현

ペットにミツバチ 「励まされる」人気じわり

巣箱で飼うミツバチが、家庭のペットとして不思議な人気を呼んでいる。「懸命な姿に励まされる」といい、うつ症状が改善したという男性も。アニマルセラピーならぬ「インセクト（昆虫）セラピー」の効果に専門家も注目する。

ミツバチを飼育、巣箱での販売も手がける植平さん（奈良県宇陀市で）
http://osaka.yomiuri.co.jp/e-news/20120918-OYO1T00780.htm?from=main3

妻を亡くし、うつの症状が出ていた奈良県で農業を営んでいる福田利夫さん（76）は毎日、畑仕事の合間に、忙しく巣箱を出入りするハチたちに「まだ暑いなあ」と語りかける。

不眠に悩み、人と話すのが苦痛だったが、4年前にハチを飼い始めたところ、いつしか心がほぐれ、人生の喜びを再び感じられるようになった。「使命を全うしようとする姿がけなげ。おかげで、自分を取り戻せた」と感謝する。

また同じく奈良県の会社社長、植平秀次さん（49）は1995年、会社の工場敷地に巣箱を一つ置き、独学で養蜂を始めた。かわいがっていたヤギが死に、落ち込んでいたが、コツコツ蜜を運ぶ小さな姿に力が湧くのを感じたという。

世話を続けるうちに繁殖し、巣箱は十数箱を数えるほどに。2009年、「譲ります」とインターネットで呼びかけてみたところ、「癒やされる」と評判が広がり、北陸や九州からも注文が来るように。翌年にはNPO法人を設立、巣箱の販売や飼育方法のアドバイスを始めた。

毎年60箱限定で予約を受け付ける巣箱(税込み4万2000円)は、いつも完売。植平さんは「一生懸命なハチに『よし、自分も』と元気づけられるんでしょう」と語る。

「女性ファンが多くなってきた」と驚くのは、長崎県でニホンミツバチを販売する野田忠義さん(74)。10年前から月2回、「九州日本蜜蜂学習塾」を開く。

「ハチはすぐ刺すから怖い」という誤解をなくそうと、生態や蜜の採り方などを1日かけて教える。料金は巣箱の材料費込みで3万5000円。定年後の趣味にする男性が大半だったが、ここ数年は、30〜60歳代の主婦や女性会社員が増え、全体の2割を占めるという。

アニマルセラピーに詳しい横山章光・帝京科学大准教授(精神医学)は「生き物とふれ合うだけでなく、蜜を採取するという目標もできる。元気づけられるのは、ミツバチが働く姿が、仕事に励む人間に重なるところもあるからだろう。心と体のリハビリに、大きな可能性を感じる」と話す。

「ムスカリとミツバチ」
http://photo.air-nifty.com/blog/2005/04/post_746c.html

九州日本蜜蜂学習塾
http://blogs.yahoo.co.jp/jrxdn133/8484688.html

2012年9月18日　読売新聞記事より

제12과

일본의 유행

Clip >>>> 1

1 들어가기

학습내용

「新型コロナで年間大賞は『3密』. 流行語トップテン発表」의 영상을 통한 일본의 유행어
관련된 단어와 표현

학습목표

「新型コロナで年間大賞は『3密』. 流行語トップテン発表」의 영상을 통한 일본의 유행어
의 한 단면을 이해할 수 있다.
관련된 단어와 표현을 익혀 활용할 수 있다.

2 영상보기

▶ メディア Ⅰ 「新型コロナで年間大賞は『3密』. 流行語トップテン発表」

[문제] 今年の新語・流行語の年間大賞は何ですか?

[해답] 3密(密閉、密集、密接)

3 단어학습

□	感染	かんせん	감염
□	密閉	みっぺい	밀폐
□	密集	みっしゅう	밀집

	密接	みっせつ	밀접
	知名度	ちめいど	지명도
	陽性者	ようせいしゃ	양성반응자
	打撃	だげき	타격
	支援策	しえんさく	지원책
	打ち出す	うちだす	명확히 내세우다
	トリキ		**鳥貴族(とりきぞく)**의 준말. 오사카, 동경, 나고야를 중심으로 한 닭꼬치 선술집.
	上回る	うわまわる	상회하다
	錬金術	れんきんじゅつ	연금술
	妊婦向け	にんぷむけ	임산부용
	布製マスク	ぬのせいマスク	천 마스크
	異物	いぶつ	이물질

4 ▸ 해설강의

일본어

今年を象徴する言葉は何なのか。新語・流行語の年間大賞に輝いたのは、3密。

感染リスクの高い密閉、密集、密接を意味する3密が大賞に選ばれました。この言葉の知名度をあげた小池都知事は、リモート出演で、こうコメント。

「冬になって陽性者の数も増えてはいますけれども、高齢者をですね、重症化させない。このことを、3密をですね、さらに、あの、確認していただいて、ご協力いただきたいと思います。」

町の人もこの3密という言葉がブームになったようで、

「密です。密です。」「写真とか撮ったりすると、あ、密だよって」

そして、トップ10入りしたのは、こんな言葉。Go To キャンペーンやアベノマスク、オンライン○○など、新型コロナウイルス関連の言葉が多く並びました。

政府が、打撃をうけた観光や飲食業の支援策として打ち出したGo To キャンペーン。

町の人が印象的だったと話したのは、「トリキ(鳥貴族)の、なんか、あれが問題になったみたいね。居酒屋とかで、なんか100円だけ頼んで、すぐ出ちゃうみたいな。」

居酒屋で低価格のメニューだけを注文し、それを上回るポイントを獲得するなどの、いわゆる錬金術が問題になりました。

また、全世帯に2枚ずつ配布されたいわゆるアベノマスクについては、こんな声が、

"だって、ちいちゃくって使えない。""しまったまんま""押し入れの上の方に。ハハ。"

妊婦向けの布製マスクに髪の毛などの異物が混入し、遅れて配達されたり、多額の費用が疑問視されたりしました。また、オンライン飲み会やオンライン授業、オンライン診療など、オンライン○○という言葉が広がりを見せました。

日本テレビ News everyによる

한국어 역

올 해를 상징하는 말은 무엇인가? 신어·유행어 연간대상에 빛난 것은 "3密".

감염 리스크가 높은 밀폐(密閉), 밀집(密集), 밀접(密接)을 의미하는 3밀(3密)이 대상으로 선정되었습니다. 이 말의 지명도를 높인 고이케 도지사는 원격으로 출현해서 이렇게 코멘트.

"겨울이 되어 양성인 사람 수도 증가하고 있지만 고령자를 중증으로 가지 않게 한다. 이것을, 다시 말해 3밀을 더욱 확인해 가는데 협력해 주셨으면 하고 생각합니다."

거리의 사람들도 이 3밀이라는 말이 붐이 된 듯이, "밀입니다. 밀이에요." "사진 같은 것 찍거나 하면 밀이야라고 해요."

그리고 톱10에 들어간 것은 이런 말. Goto캠페인이나 아베노마스크, 온라인○○ 등, 코로나 관련 말이 많이 늘어섰습니다.

정부가 타격을 입은 관광이나 음식업 지원책으로써 가지고 나온 것이 Goto캠페인.

거리의 사람들이 인상적이었다고 말하는 것은 "도리키 같은 것, 그것이 문제가 된 것 같은데요. 선술집 등에서 100엔 분만 주문하고 바로 나와 버리는 것 같은 것 말이죠."

선술집에서 값싼 메뉴만 주문하고, 그것을 상회하는 포인트를 얻는 것 따위의, 소위 연금술이 문제가 되었습니다.

또 모든 세대에 2장씩 배포된 소위 아베노마스크에 대해서 이런 목소리도,

"말이야, 작아서 쓸 수가 없어요." "그냥 넣어 놓았죠." "벽장 윗쪽에."

임산부를 위한 천 마스크에 머리카락 등의 이물질이 섞여있고 늦게 배달된다든지, 많은 금액의 비용이 의문시 된다든지 했습니다. 또 온라인 회식이나 온라인 수업, 온라인 진료 등, 온라인○○라는 말이 널리 퍼졌습니다.

5 표현학습

■ **打ち出す** : 두드려서 나오게하다. 주의, 주장을 명확하게 내세우다.

[例] 政府が、打撃をうけた観光や飲食業の支援策として打ち出したGoToキャンペーン。

정부가 타격을 입은 관광이나 음식업 지원책으로써 가지고 나온 것이 Goto캠페인.

[問題] 다음 한국어에 알맞게 일본어로 작문해 보시오.

① 우리 회사는 개성을 내세운 집 짓기를 목표로 합니다.

▶ _____

[答] うちの会社は個性を打ち出す家づくりを目指します。

② 새로운 서비스를 내세울 경우에는 적극적인 이미지를 넓히는 것을 생각하지 않으면 안 된다.

▶ _____

_____

[答] 新しいサービスを打ち出す場合には、積極的なイメージを広げることを考えなければならない。

6 정리하기

■ 「新型コロナで年間大賞は『3密』. 流行語トップテン発表」의 영상을 통한 일본의 유행어
■ 관련된 단어와 표현

Clip >>>> 2

1 들어가기

학습내용

▌「すっぴん美魔女洗顔法」의 영상을 통한 세안법

▌관련된 단어와 표현

학습목표

▌「すっぴん美魔女洗顔法」의 영상을 통해 일본에서의 세안법을 이해할 수 있다.

▌관련된 단어와 표현을 익혀 활용할 수 있다.

2 영상보기

▶ メディアⅡ 「すっぴん美魔女洗顔法」

문제 山田さんすっぴん美人秘訣の洗顔法の中で、仕上げには何を塗りますか?

해답 オイルの美容液

3 단어학습

□ 保つ	たもつ	유지하다
□ 洗顔法	せんがんほう	세안법
□ 乾燥肌	かんそうはだ	건조한 피부
□ 素洗い	すあらい	아무것도 묻히지 않고 씻는 것

☐	保湿	ほしつ	보습
☐	毛穴	けあな	모공
☐	覆う	おおう	덮다
☐	背伸び	せのび	발돋움
☐	脹ら脛	ふくらはぎ	장딴지
☐	浸透する	しんとうする	침투하다
☐	引き締まる	ひきしまる	조이다. 당겨지다
☐	血行	けっこう	혈행
☐	化粧水	けしょうすい	화장수
☐	仕上げ	しあげ	마무리
☐	潤い	うるおい	윤기

4　해설강의

일본어

ゲストは、奇跡の50歳。山田佳子さん。

第2回、国民的美魔女コンテストでグランプリを受賞。

　現在はモデルとして活動しながら、モデル事務所の経営も行う、実業家美魔女なんです。

　すっぴん美魔女賞も受賞した山田さん流の、美しい美しい肌を保つためのオリジナル洗顔法があるそうです。では、6つの工程からなる、その洗顔法をご紹介しましょう。

　山田流のオリジナル洗顔法。工程①　ぬるま湯洗顔

「私すごく乾燥肌なので、普通に、冬はほとんど素洗いです。ぬるま湯の素洗いしてます。ちょっとぬるめのお水なんで。このまま、普通に、朝は、こんな感じで、素洗いをしてあげます。」

　まずは、洗顔液などなにも付けずにぬるま湯で顔を素洗いします。

オリジナル洗顔法、工程②　保湿オイル

「こうして、きれいな肌に、オイルを塗ってあげます。」山田さんの洗顔法で、ポイントとなるのはこの工程。保湿オイルを先に塗り、肌をオイルで保護するのだそうです。

オリジナル洗顔法、工程③　蒸しタオル

「今度は温かい蒸しタオルを。この蒸しタオルがね、本当に気持ちいいんですよ。これはあったかいお湯です。じんわり温かくて毛穴が開いてきます。これをバサッと、こう、顔から首、耳まで覆ってあげて、しばらくこういうふうに蒸しタオルをしてあげます。私はこれを2分ぐらいするんですけれども、ま、この時間に背伸びの、足首の、あのう、ふくらはぎを伸ばしてあげたり、スクワットをしたりとか、そういうちょっとした運動とかもしながら、この時間を有効利用してます。」

蒸しタオルで顔全体を覆うことで毛穴が開き、保湿オイルが肌に浸透しやすくなるそうです。

オリジナル洗顔法、工程④　氷水で洗顔

「この後に、冷たいお水で。バシャッ。夏はね、気持ちいいんですよ。でも、冬も温かい蒸しタオルの後だとちょっと引きしまって、気持ちがね、いいんですよ。手のほうがね、冷たくなる感じなんですけど。これね、お化粧前だと、毛穴がきゅっとひきしまるので、血行がよくなって化粧崩れが少ないですし、あと、夜とかでしたら、すごく血行が良くなって肌の調子がすごくよくなります。」

蒸しタオルで開いた毛穴を氷水で一気に冷やすことで、肌が引き締められ、きめの細かい肌になるそうです。

オリジナル洗顔法、工程⑤　化粧水

「じゃあ次は、化粧水。こうすると柔らかくなった肌に、化粧水がより浸透しやすくなって、余計、なんか、こう、もちもち感が味わえます。」

そして最後の工程として、オイルの美容液を塗ります。

「で、その後、私は保湿、気になるので、こういうふうにオイルの美容液を少しだけ塗って。これをすることによって、肌が本当にふっくらやわらかくなるので、乾燥の季節には、皆さんオススメなので、よかったら試してみてください。」

　仕上げに美容オイルで保湿することで、肌に潤いをもたせ、ハリのある肌になるそうです。

BS-TBSによる

게스트는 기적의 50세. 야마다 요시코상.

　제 2회 국민적 미마녀 콘테스트에서 그랑프리를 수상. 현재는 모델로서 활동하면서 모델 사무소 경영도 하는 실업가 미마녀입니다.

　탄력있는 피부 미마녀상도 수상한 야마다 상류의 아름답고 아름다운 피부를 유지하기 위한 오리지널 세안법이 있다고 합니다. 그럼, 6개의 공정으로부터 이루어지는 그 세안법을 소개하겠습니다.

　야마다류의 오리지널 세안법. 공정1. 미지근한 물 세안.

　[전 무척 건조한 피부여서 보통 겨울은 거의 그냥 씻습니다. 미지근한 물로 그냥 씻고 있습니다. 조금 미지근한 물이어서 이대로 보통 아침은 이런 느낌으로 그냥 씻어 줍니다.]

　우선은 세안액 등 아무 것도 바르지 않고 미지근한 물로 얼굴을 그냥 씻습니다.

　오리지널 세안법. 공정2. 보습오일

　[이렇게 깨끗한 피부에 오일을 발라 줍니다.]

　야마다상의 세안법에서 포인트가 되는 것은 이 공정. 보습오일을 먼저 발라, 피부를 오일로 보호한다고 합니다.

　오리지널 세안법. 공정3. 뜨겁게 적신 타올.

　[이번에는 따뜻한 적신 타올을, 이 타올이 정말 기분 좋습니다. 이것은 따뜻한 물입니다. 따뜻해서 모공이 열립니다. 이것을 확　이렇게 얼굴에서 목, 귀까지 덮어 올리고, 잠시동안 이렇게 이 타올을 덮고 있습니다. 저는 이것을 2분정도 합니다만 이 시간에 등을 편다든지 발목의 종아리를 펴 준다든지 스쿼트한다든지 해서 그러한 조그마한 운동 같은 것도 하면서 이 시간을 유용하게 이용합니다.]

　뜨겁게 적신 타올로 얼굴 전체를 덮는 것으로 모공이 벌어져 보습오일이 피부로 침투하기 쉽게된다고 합니다.

　오리지널 세안법. 공정4. 얼음물로 세안.

　[그 후에 차가운 물로 푹. 여름에는 기분 좋습니다. 하지만 겨울도 따뜻한 적신 타올을 덮은 다음이라면 조금 당겨져서 기분이 좋습니다. 손이 차가워지는 느낌입니다만 이건 화장전이라면 모공이 꽉 조이기 때문에 혈행이 좋아져 화장이 지워지는 것이 적어집니다. 다음으로 밤이면 꽤 혈행이 좋아져 피부 상태가 꽤 좋아집니다.]

뜨겁게 적신 타올로 열려진 모공을 얼음물로 한번에 차갑게 함으로써 피부가 당겨져 고운 피부가 된다고 합니다.

오리지널 세안법. 공정5. 화장수

[자 다음은, 화장수. 이렇게 하면 부드러워진 피부에 화장수가 보다 잘 침투하게 되어, 왠지 뭐랄까 달라붙는 느낌을 느낄 수 있습니다.]

그리고 마지막 공정으로써 오일 미용액을 바릅니다.

[그리고, 다음에 저는 보습, 마음에 걸리기 때문에 이렇게 오일 미용액을 조금 바릅니다. 이렇게 함으로써 피부가 정말 탱탱하고 부드러워 지기 때문에 건조한 계절에는 여러분에게 추천하고 싶습니다. 괜찮으시면 시험해 보십시오.]

마무리로 미용오일로 보습하는 것으로 피부에 수분을 갖게 해 탄력 있는 피부가 된다고 합니다.

5 표현학습

━━**〜からなる : 〜(로)부터 이루어지는**

例 6つの工程からなる、その洗顔法をご紹介しましょう。

6개의 공정으로부터 이루어지는 그 세안법을 소개하겠습니다.

問題 **다음 한국어에 알맞게 일본어로 작문해 보시오.**

① 복수의 원재료로부터 이루어지는 혼합물 취급에 주의합시다.

▶ _____

答 複数の原材料からなる混合物の取扱いに注意しましょう。

② 우리 회사는 지의 축적과 창조로부터 이루어지는 "미래의 도서관"을 목표로 하고 있다.

▶ _____

答 わが社は知の蓄積と創造からなる「みらいの図書館」をめざしている。

6 정리하기

▌「すっぴん美魔女洗顔法」의 영상을 통한 세안법

▌관련된 단어와 표현

Clip >>>> 3

1　들어가기

학습내용

▌「新型コロナで今年の漢字は?」의 영상을 통한 일본에서의 올해의 한자
▌관련된 단어와 표현

학습목표

▌「新型コロナで今年の漢字は?」의 영상을 통해 일본에서의 올해의 한자에 관한 내용을 이해할 수 있다.
▌관련된 단어와 표현을 익혀 활용할 수 있다.

2　영상보기

▶ メディアⅢ「新型コロナで今年の漢字は?」

〔문제〕　今年の漢字はどういう字ですか?
〔해답〕　密

3　단어학습

□ 恒例	こうれい	항례
□ 世相	せそう	세상, 세태
□ 緊急事態宣言	きんきゅうじたいせんげん	긴급사태선언

□	外出自粛	がいしゅつじしゅく	외출자제
□	時短営業	じたんえいぎょう	단축영업(아침5시부터 밤10시까지 범위의 영업)
□	要請	ようせい	요청
□	相次ぐ	あいつぐ	계속되다
□	逼迫	ひっぱく	핍박
□	心がける	こころがける	주의하다. 마음쓰다
□	貫主	かんしゅ	신사의 신관
□	誓う	ちかう	서약하다
□	飲食業	いんしょくぎょう	음식업
□	推進する	すいしんする	추진하다
□	込める	こめる	담다. 포함시키다
□	振り切る	ふりきる	뿌리치다. 떼치다

4 해설강의

일본어

　午後2時すぎ。京都清水寺で、毎年恒例となっている今年の漢字が発表されました。今年の世相をしめす漢字は、"密"に。およそ21万の応募のうち、最多の2万8400票以上を集めました。

　新型コロナウイルスの感染拡大にゆれた2020年。政府の緊急事態宣言が出され、外出自粛や時短営業などの要請も相次ぎました。医療体制の逼迫も深刻化しています。そんな今年。多くの人が意識しつづけた言葉が。「密です。密です。密です。」「密」について町の人は。

　「よく聞く言葉だったので納得感があります。」「親子だって、密ですけど。やっぱり、美容院の中でお客さまを、間をあけてやるのだけは、心がけました。」

　「密」の漢字を書いた清水寺の貫主は、"密という意味には、親しむという意

味が中に含まれております。心としては、さらにしっかりとしたつながりというものを持っていきたい。そのことがこの新しい舞台の上で、あの、皆さん方、誓っていただいたということは、すばらしいことで、来年はですね、是非いい年でありますように"

　今年の漢字のトップ10では、密をはじめ、禍など6つの漢字が、この26年で、はじめて上位にランクインしたということです。

　町の人にも今年の漢字について聞いてみました。

　「「家」ですね。ずっと家にいました。今年は。球場とか、そういう施設の方で働いています。まあ、お客さんのいないところから始まって、ただ最後の方はお客さんも来れて、そういう意味で、日常にもどりつつあるかなというような…」

　「進」という漢字を選んだ飲食業の人は、「いろいろ成長、進歩できた1年だったなと思って。携帯でオーダーとかして、注文ができるシステムを推進してたりとか。もう、お客様との距離だったりとか、なんか、働き方が、やっぱり変わったというのがでかいかな。」

　来年への期待を込めた人も。「大阪から東京に出て来るのもある。なんか出発の意味を込めて「発」にしました。困難いっぱいあったがゆえにもう振り切れちゃいました。」

　今年も残りわずか。来年はどんな漢字が刻まれる年になるのでしょうか。

日本テレビ News everyによる

한국어 역

　오후 2시가 지나자, 교토 기요미즈데라에서 매년 행해오던 올 해의 한자가 발표되었습니다. 올 해의 세태를 나타내는 한자는 "밀(密)"로, 약 21만명의 응모 중에 최다 2만 8400표 이상을 모았습니다. 코로나의 감염확대에 흔들린 2020년. 정부의 긴급사태선언이 내려져 외출자숙과 시간단축영업 등의 요청 등도 이어졌습니다. 의료체제의 핍박도 심각합니다. 그러한 올해. 많은 사람이 계속 의식해 온 말이. "밀(密)입니다. 밀, 말" "밀(密)"에 대한 거리의 사람들은.

　"자주 듣던 말이어서 납득이 갑니다." "부모 자식 간에도 밀입다. 역시 미장원 안에서 손님을 사이를 띄워서 하는 것만은 조심했습니다."

　"밀(密)" 한자를 쓴 기요미즈데라 신사의 신관은 "밀이라는 의미에는 친근하다는 의미가 속에 포함되어 있습니다. 마음만은 더욱 확실히 연결되어 있다는 것을 가지고 가고 싶어요. 그것이 이 새로운 무대

위에서 여러분들이 약속해 주셨다고 하는 것이 훌륭한 것이지요. 내년은 반드시 좋은 해가 되기를 기원합니다."

올해의 한자 톱10에서는 밀(密)을 시작으로, 화(禍) 등의 6개의 한자가 26년만에 처음으로 상위에 랭크되었다고 하는 것입니다.

거리의 사람들에게도 올해의 한자에 대해서 물어 보았습니다.

"家입니다. 계속 집에 있었습니다. 올해는. 구장이라든지 그러한 시설 쪽에서 일하고 있습니다.손님이 없는 곳부터 시작해서 마지막에는 손님도 오셔서요. 그러한 의미에서 차츰 일상으로 돌아가고 있다고 해야할까요."

進라는 한자를 선택한 음식업 사람은 "여러가지로 성장, 진보 할 수 있었던 1년이었다고 생각해서. 핸드폰으로 오더를 내린다든지 주문을 할 수 있는 시스템을 추진한다든지 말이죠. 손님과의 거리라든지 일하는 방법이 역시 바뀌었다고 하는 것이 크죠."

내년에 대한 기대를 품은 사람도, "오사카에서 도쿄로 나오는 것도 있어요. 왠지 출발의 의미를 담아 發로 했습니다. 곤란함이 잔뜩 있었기 때문에 이제는 떼쳐 버렸습니다."

올해도 얼마 남지 않았습니다. 내년은 어떠한 한자가 새겨지는 해가 될까요.

5 표현학습

■ ～(が)ゆえに : ～ 때문에(편지나 공식적인 장면에서 주로 사용. 문장체에 주로 씀)

[例] 困難いっぱいあったがゆえにもう振り切れちゃいました。

곤란함이 잔뜩 있었기 때문에 이제는 떼쳐 버릴 수 있었습니다.

[문제] 다음 한국어에 알맞게 일본어로 작문해 보시오.

① 전자레인지는 간편함 때문에 많은 가정에서 사용된다.

▶ _____

[答] 電子レンジは手軽さゆえに多くの家庭で使われる。

② 이것은 천연이어서 자연스러운 사용감이 있는 샴푸다.

▶ _____

[答] これは天然がゆえに自然な使い心地のあるシャンプだ。

6 정리하기

▌「新型コロナで今年の漢字は?」의 영상을 통한 일본에서의 올해의 한자

▌관련된 단어와 표현

Clip >>>> 4

1 들어가기

학습내용

▌「鬼滅の刃」最終巻に大行列의 영상을 통한 일본의 만화
▌관련된 단어와 표현

학습목표

▌「鬼滅の刃」最終巻に大行列의 영상을 통한 일본 만화의 한 단면을 이해할 수 있다
▌관련된 단어와 표현을 익혀 활용할 수 있다

2 영상보기

▶ メディアⅣ「鬼滅の刃」最終巻に大行列

[문제] 鬼滅の刃は何巻で最終巻になりましたか?
[해답] 23巻

3 단어학습

	最終巻	さいしゅうかん	마지막 권
	行列	ぎょうれつ	행렬
	お目当て	おめあて	특별히 관심을 끄는 것
	初版	しょはん	초판

☐	発行	はっこう	발행
☐	累計	るいけい	누계
☐	購入する	こうにゅうする	구입하다
☐	売り切れる	うりきれる	다 팔리다
☐	梯子	はしご	사다리
☐	広告	こうこく	광고
☐	売れ行き	うれゆき	팔림새
☐	異例	いれい	이례. 전례가 없음
☐	うるっと		울컥하다
☐	完結	かんけつ	완결
☐	読み返す	よみかえす	다시 읽다

4　해설강의

일본어

すごい人ですね。最新巻を探しているんですかね。

　日付が変わる直前の深夜の書店。販売開始の午前0時には、店内に30人近い行列が。そのお目当ては、やはり。

「決まってるじゃないですか。鬼滅の刃。今出たばっかり。早くみたいですね。」

　漫画鬼滅の刃の最終巻です。自宅から40分ほどかけて買いに来た女性も。

「明日だともう、手に入らないかもしれないと思って、ネットで夜遅くやってる本屋さん調べてきました。」

　この鬼滅の刃最終巻、初版で395万部を発行。全23巻の累計発行部数では、1億2000万冊にものぼっています。

　すこしでも早く最終巻を読もうと、横浜市の書店では長い列が。

並んでいたのは、鬼滅専用レジ。開店すると飛ぶように売れていきます。

「子供たち5人いて、どの子が一番最初に読むかって。朝からケンカをしながら学校へいきました。」

中には、80代の女性も。

「正直なこというと、孫が来るまでよくわからなかったんですよ。」

普段は離れて暮らす鬼滅の刃が大好きな孫と共通の話がしたいと考え、購入したといいます。

ただ、人気のあまり。「おいてあったそうなんだけど、売り切れてしまったとのことです。」

SNSでも。「近所のコンビニ、ハシゴしても売り切れていた。」

売り切れていたのは、本だけではありません。

広告が掲載された朝刊五紙も通常にない売れ行きに。

新橋駅の売店では、一般紙の朝刊がほぼ完売したということです。都内のインタネットカフェでは、異例の対応をとっていました。「この4冊は史上初かもしれないんですね。」

棚に並べられたのは4冊の最終巻。開店すると、次々と客が手にして行き、あっという間に棚からなくなっていきます。

「内容もすごく感動するので、今読んでよかったです。涙を流さないようにするのが必死でした。」

「4，5回ぐらいはうるっと、まあ、いい年なんですけど。」

物語の完結に鬼滅ロスも。

「まあ、さびしいはさびしいですけど、しょうがないかなって思って、まあ、鬼滅の今までのやつを読み返すしかないかなって。」

鬼滅の刃の人気はまだまだ続きそうです。

日本テレビ News everyによる

사람이 많네요. 마지막 권을 찾고 있는 건가요.

날짜가 바뀌기 직전인 심야 서점. 판매개시인 오전 0시에는 서점 내에 30명 가까운 행렬이. 그 목표로 하는 것은 역시.

"정해져 있죠. 귀멸의 칼날. 지금 막 나왔어요. 빨리 보고 싶네요."

만화 귀멸의 칼날 마지막권입니다. 자택에서 40분정도 들여 사러 온 여성도.

"내일이면 이미 손에 넣을 수 없다고 생각해서. 인터넷으로 밤 늦게까지 하고 있는 서점 찾아서 왔습니다."

이 귀멸의 칼날 마지막권, 초판이 395만부 발행. 마지막 23권까지의 누계발행부수는 1억 2000천만 권에 달하고 있습니다.

조금이라도 빨리 마지막 권을 보려고 요코하마시 서점에서는 긴 줄이.

줄 서 있던 것은 귀멸전용레지. 개점하자 날아갈 듯이 빨립니다.

"아이들이 5명 있는데, 어떤 아이가 가장 먼저 읽을까 하고, 아침부터 싸움하면서 학교에 갔습니다."

그 중에는 80대 여성도. "사실대로 말하자면 손자가 올 때까지는 잘 몰랐습니다."

보통은 떨어져 지내는 귀멸의 칼날을 아주 좋아하는 손자와 공유할 수 있는 이야기를 하고 싶다고 생각해서 구입했다고 합니다.

그런데 너무 인기가 있어서 "놓여 있었다고 하는 것 같습니다만 다 팔려 버렸다고 하는 것입니다."

SNS에서도, "근처 편의점, 여기저기 다녀도 다 팔렸었어요."

다 팔린 것은 책 뿐만이 아니었습니다.

광고가 게재된 조간 다섯 개(読売, 朝日, 毎日, 日本経済, 産経新聞)도 보통 때와 다른 팔림새로. 신바시 매점에서는 일반신문 조간이 거의 완판되었다고 하는 것입니다. 도내 인터넷 카페에서는 이례적인 대응을 취해 왔습니다. "이 4권은 역사상 처음일지도 모르겠네요." 책장에 진열된 것은 4권의 마지막권. 개점하자 계속해서 손님이 손에 들고 가, 순식간에 책장에서 없어져 버립니다.

"내용도 무척 감동적이어서 지금 읽어서 잘했다고 생각해요. 필사적으로 눈물을 흘리지 않도록 했습니다."

"4, 5번 정도는 울컥했어요. 나이도 들어서 말이지요."

이야기가 완결된 것에 귀멸 상실감도.

"슬프기는 슬프지만 어쩔 수 없다고 생각하고, 귀멸의 지금까지 것을 다시 읽을 수 밖에 없겠네 하고…"

귀멸의 칼날의 인기는 아직도 계속될 것 같습니다.

---

5 ▸ 표현학습

■ **読み返す(よみかえす)** : 되풀이 하여 읽다. 다시 읽다

例 鬼滅の今までのやつを読み返すしかないかなって。

귀멸의 지금까지 것을 다시 읽을 수 밖에 없겠네 하고….

다음 한국어에 알맞게 일본어로 작문해 보시오.

① 최근 소설이나 만화를 되풀이 하여 읽는 회수가 줄었습니다.

▶ _____

答 最近、小説や漫画を読み返す回数が減りました。

② 교과서는 몇 번이라도 다시 읽는 것을 추천합니다.

▶ _____

答 教科書は何度も読み返すことをおすすめします。

6 정리하기

▌「鬼滅の刃」最終巻に大行列의 영상을 통한 일본의 만화
▌관련된 단어와 표현

新語・流行語大賞

新語・流行語大賞は、自由国民社がその年1年間に発生した「ことば」のなかから、世相を軽妙に映し、多くの人々の話題に上った新語・流行語を選び、その「ことば」に関わった人物、団体を顕彰するとされている賞である。2004年より、ユーキャン新語・流行語大賞に改称している。

▎概要

1984年に創始され、毎年12月1日に発表される。

候補となる言葉は『現代用語の基礎知識』(自由国民社・刊)の読者アンケートの結果から編集部によって選出された50語が候補としてノミネートされ、その中から新語・流行語大賞選考委員会によってトップテンと年間大賞が選定される。

創始当初は、新語部門と流行語部門に分かれて、それぞれ金賞を筆頭として各賞が選ばれていたが、8回目からは年間大賞が設けられ、11回目のからは両部門を合わせて選定されるようになった。

2003年には株式会社ユーキャンと提携し、翌2004年より現代用語の基礎知識選『ユーキャン新語・流行語大賞』に改称された。

日本漢字能力検定協会の『今年の漢字』、第一生命の『サラリーマン川柳』、住友生命の『創作四字熟語』、東洋大学の『現代学生百人一首』と並んで、現代の世相を反映する一つの指標として取り上げられている。

歴代の受賞語

回	年度	部門	金賞	受賞者
1	1984年	新語	オシンドローム	ジェーン・コンドン(『タイム』フリー記者)
		流行語	まるきん　まるび	渡辺和博(イラストレーター)
2	1985年	新語	分衆	近藤道生(博報堂生活総合研究所社長)
		流行語	イッキ!イッキ!	慶應義塾大学体育会
3	1986年	新語	究極	雁屋哲(漫画原作者)
		流行語	新人類	清原和博、工藤公康、渡辺久信(いずれも西武ライオンズ)
4	1987年	新語	マルサ	伊丹十三、宮本信子
		流行語	懲りない○○	安部譲二(小説家)
5	1988年	新語	ペレストロイカ	ソロビエフ・ニコラエビッチ(駐日ソビエト連邦特命全権大使)
		流行語	今宵はここまでに(いたしとうございまする)	若尾文子
6	1989年	新語	セクシャルハラスメント	河本和子(弁護士)
		流行語	オバタリアン	堀田かつひこ、土井たか子
7	1990年	新語	ファジィ	三上遵太郎(松下電器産業電化研究所所長)
		流行語	ちびまる子ちゃん(現象)	トーマス・リード(『ワシントン・ポスト』東京支局記者)
8	1991年		…じゃあーりませんか	チャーリー浜
9	1992年		「うれしいような、かなしいような」「はだかのおつきあい」	きんさんぎんさん
10	1993年		Jリーグ	川淵三郎
11	1994年		すったもんだがありました	宮沢りえ
			イチロー(効果)	イチロー(オリックス・ブルーウェーブ)
			同情するならカネをくれ	安達祐実
12	1995年		無党派	青島幸男(東京都知事)
			NOMO	野茂英雄(ロサンゼルス・ドジャース)
			がんばろうKOBE	仰木彬(オリックス・ブルーウェーブ監督)
13	1996年		自分で自分をほめたい	有森裕子(マラソン選手)
			友愛 / 排除の論理	鳩山由紀夫(民主党代表)
			メークドラマ	長嶋茂雄(読売ジャイアンツ監督)
14	1997年		失楽園(する)	渡辺淳一、黒木瞳
15	1998年		ハマの大魔神	佐々木主浩(横浜ベイスターズ)
			凡人・軍人・変人	田中真紀子(衆議院議員)
			だっちゅーの	パイレーツ(お笑いコンビ)

16	1999年	ブッチホン	小渕恵三(内閣総理大臣)
		リベンジ	松坂大輔(西武ライオンズ)
		雑草魂	上原浩治(読売ジャイアンツ)
17	2000年	おっはー	慎吾ママ
		IT革命	木下斉(商店街ネットワーク社長・早稲田大学高等学院三年)
18	2001年	「小泉語録」 (米百俵・聖域なき構造改革・恐れず怯まず捉われず・骨太の方針・ワイドショー内閣・改革の「痛み」)	小泉純一郎(内閣総理大臣)
19	2002年	タマちゃん	佐々木裕司(川崎市民)、黒住祐子(フジテレビ・レポーター)
		W杯(中津江村)	坂本休(中津江村・村長)
20	2003年	毒まんじゅう	野中広務(元衆議院議員)
		なんでだろ〜	テツandトモ(お笑いグループ)
		マニフェスト	北川正恭(早稲田大学教授)
21	2004年	チョー気持ちいい	北島康介(水泳選手)
22	2005年	小泉劇場	武部勤(自由民主党幹事長)ほか
		想定内(外)	堀江貴文(ライブドア社長)
23	2006年	イナバウアー	荒川静香(プロスケーター)
		品格	藤原正彦(数学者)
24	2007年	(宮崎を)どげんかせんといかん	東国原英夫(宮崎県知事)
		ハニカミ王子	石川遼(ゴルファー)
25	2008年	グ〜!	エド・はるみ
		アラフォー	天海祐希
26	2009年	政権交代	鳩山由紀夫(内閣総理大臣)
27	2010年	ゲゲゲの〜	武良布枝(『ゲゲゲの女房』作者)
28	2011年	なでしこジャパン	小倉純二(日本サッカー協会会長) 代理:上田栄治(日本サッカー協会女子委員会委員長)
29	2012年	ワイルドだろぉ	スギちゃん
30	2013年	今でしょ!	林修(東進ハイスクール・東進衛星予備校講師)
		お・も・て・な・し	滝川クリステル
		じぇじぇじぇ	宮藤官九郎、能年玲奈
		倍返し	堺雅人、TBS『半沢直樹』チーム
31	2014年	ダメよ〜ダメダメ	日本エレキテル連合(中野聡子、橋本小雪)
		集団的自衛権	受賞者辞退(受賞者が誰だったのかは明かされていない)

32	2015年	爆買い	羅怡文(ラオックス代表取締役社長)
		トリプルスリー	柳田悠岐(福岡ソフトバンクホークス) 山田哲人(東京ヤクルトスワローズ)
33	2016	神ってる	緒方孝市(広島東洋カープ監督) 鈴木誠也(広島東洋カープ外野手)
34	2017	インスタ映え	CanCam it girl
		忖度	稲本ミノル(株式会社ヘソプロダクション代表取締役)
35	2018	そだねー	ロコ・ソラレ(平昌オリンピックカーリング女子日本代表)
36	2019	ONE TEAM	ラグビーワールドカップ2019日本代表
37	2020	3密	小池百合子(東京都知事)

(Wikipediaより)

제13과

일본의 축제

1 들어가기

학습내용

▌「ガラスのひな人形展」의 영상을 통한 일본의 축제
▌관련된 단어와 표현

학습목표

▌「ガラスのひな人形展」의 영상을 통해 일본의 축제를 이해할 수 있다.
▌관련된 단어와 표현을 익혀 활용할 수 있다.

2 영상보기

▶ メディア I 「ガラスのひな人形展」

문제 富山市で行われているガラスのひな人形展示会は、何年以上続いていますか?
해답 10年。

3 단어학습

□ **富山市**	とやまし	**本州** 중부지방 북부 연안의 현에 있는 시
□ **雛人形**	ひなにんぎょう	히나마쯔리의 제단에 진열하는 작은 인형들
□ **展示会**	てんじかい	전시회
□ **工房**	こうぼう	공방

□	地元	じもと	그 고장. 자기 생활 근거지
□	制作	せいさく	제작
□	販売	はんばい	판매
□	雛祭り	ひなまつり	여자아이의 건강한 성장을 기원하는 연중행사
□	苺	いちご	딸기
□	質感	しつかん	질감
□	表現	ひょうげん	표현
□	趣向	しゅこう	취향
□	凝らす	こらす	엉기게 하다, 집중시키다
□	可愛らしい	かわいらしい	귀엽다. 사랑스럽다
□	一組	ひとくみ	한 쌍

4 해설강의

일본어

　富山市でガラスのひな人形を集めた展示会が開かれています。

　こちらの工房では、地元の二十人の方々が制作したひな人形、およそ50点、が展示、販売されています。

　この展示会は来月3日のひな祭りを前に毎年行われているもので、10年以上続いています。

　一つ一つの作品はとてもユニークで、まるでイチゴのような質感を表現したイチゴびなや、ウサギをモチーフにしたウサギびな等、趣向をこらしたかわいらしい作品を見ることができます。

　一組6000円から2万円程度で販売されていて、来月3日まで開かれています。

ANN NEWSによる

도야마시에서는 유리 히나인형을 모은 전시회가 열리고 있습니다.

이 쪽 공방에서는 이 지역의 20분이 제작한 히나인형 약 50점이 전시, 판매되고 있습니다.

이 전시회는 다음 달 3일 히나마쓰리를 앞에 두고 매년 행해지고 있는 것으로 10년 이상 계속되고 있습니다. 하나하나의 작품은 꽤 특이해서, 마치 딸기와 같은 질감을 표현한 딸기 히나(인형)이나, 토끼를 모티브로 한 토끼 히나(인형) 등 여러모로 잘 고안한 귀여운 작품을 볼 수가 있습니다. 한 쌍에 6000엔부터 20000엔 정도로 판매되고 있어, 다음달 3일까지 열립니다.

5 표현학습

凝らす(こらす) : 엉기게 하다, 집중시키다

[例] 趣向をこらしたかわいらしい作品を見ることができます。

여러모로 잘 고안된 귀여운 작품을 볼 수가 있습니다.

[문제] 다음 한국어에 알맞게 일본어로 작문해 보시오.

① 최근 대학의 학생식당은 여러모로 궁리를 해서 학생 모으기를 하고 있다고 한다.

▶ _____

[答] 最近の大学の学生食堂は、様々な工夫を凝らして学生集めをしているそうだ。

② 집중해서 봤지만 아무것도 보이지 않았다.

▶ _____

[答] 目を凝らしてみたが、何も見えなかった。

6 정리하기

┃「ガラスのひな人形展」의 영상을 통한 일본의 축제

┃관련된 단어와 표현

Clip 2

1 들어가기

학습내용

▌「祇園祭『くじ取り式』」의 영상을 통한 일본의 축제

▌관련된 단어와 표현

학습목표

▌「祇園祭『くじ取り式』」의 영상을 통해 일본의 축제를 이해할 수 있다.

▌관련된 단어와 표현을 익혀 활용할 수 있다.

2 영상보기

▶ メディアⅡ「祇園祭『くじ取り式』」

문제 山鉾巡行の順番を決めるくじ取り式はいつ生まれましたか?

해답 室町時代。

3 단어학습

	祇園祭	ぎおんまつり	기온 마쓰리 (교토의 축제)
	見せ場	みせば	볼만한 가치가 있는 장면
	山鉾	やまぼこ	축제 때 끌고 다니는 수레
	巡行	じゅんこう	순행

☐	順番	じゅんばん	순번
☐	籤	くじ	제비, 추첨
☐	籤引	くじびき	추첨
☐	争い	あらそい	다툼
☐	絶える	たえる	끝나다. 끊기다
☐	室町時代	むろまちじだい	무로마치막부에 의해 통치되던 시기(1336~1573)
☐	由来	ゆらい	유래
☐	鉾	ほこ	ほこだし의 준말. 창 따위를 꽂아 장식한 수레
☐	山	やま	山鉾의 준말. 축제 때 끌고 다니는 수레
☐	先頭	せんとう	선두
☐	引き当てる	ひきあてる	견주다. 제비를 뽑아 맞추다. 떠맡다

4 해설강의

일본어

京都3大祭りの一つ、祇園祭。

その最大の見せ場、山鉾巡行の順番を決めるくじ取り式が行われました。

かつて山鉾巡行の順番を巡り争いが絶えなかったことから、室町時代にくじ引きで決めたことが由来と言われています。

32基の鉾や山の内、くじ取らずと呼ばれ、順番が決まっている8基を除いた24基の代表者がくじを引きました。

「孟宗山!　山第壱番!」

巡行の先頭、長刀鉾(なぎなたぼこ)の後ろを行く、山壱番は孟宗山が2年ぶりに引き当てました。

一ヵ月間に及ぶ祇園祭のクライマックス、山鉾巡行は今月17日に行われます。

ANN-NEWSによる

교토 3대 축제의 하나, 기온마쓰리.

가장 볼만한 가치가 있는 장면, 야마보코 순행 순서를 정하는 추첨식이 행해 졌습니다.

일찍이 야마보코 순행의 순서를 둘러싸고 다툼이 끊이지 않은 점으로부터 무로마치시대에 추첨으로 정했다고 하는 것이 유래라고 합니다.

32기의 호코[창 따위를 꽂아 장식한 수레]나 야매[축제 때 끌고 다니는 수레] 중에 추첨이 필요 없는 것으로 불리워 져 순서가 정해져 있는 8기를 제외한 24기의 대표자가 추첨을 했습니다.

[모소야마! 야마보고 제일 첫번째!]

순행의 선두, 나기나타보코의 뒤를 따르는 야마보코 첫번째는 모소야마가 2년 만에 뽑혔습니다.

1개월간에 걸친 기온 마쓰리의 클라이막스, 야마보코 순행은 이번 달 17일 행해질 예정입니다.

5 표현학습

■ V + ことから : ～점(것)에서(근거나 유래를 나타냄. 딱딱한 문장체적인 표현)

[例] 山鉾巡行の順番を巡り争いが絶えなかったことから、室町時代にくじ引きで決めたと伝えられる。

야마보코[축제 때 끌고 다니는 수레]순행의 순서를 둘러싸고 다툼이 끊이지 않은 점에서 무로마치 시대에 추첨으로 정했다고 전해진다.

[문제] 다음 한국어에 알맞게 일본어로 작문해 보시오.

① 그는 남의 소문을 바로 이야기해 버리는 점에서 방송국이라고 불리워 지고 있다.

▶ _____

[答] 彼は人のうわさをすぐしゃべってしまうことから、放送局と呼ばれている。

② 기무라 씨의 부인은 본래 기무라 씨의 팬으로, 전화번호를 적은 팬 래터를 건넨 것으로 해서 교제가 시작되었다고 한다.

▶ _____

_____

[答] 木村さんの奥さんはもともと木村さんのファンで、電話番号を書いたファンレターを渡したことから交際が始まったという。

6 정리하기

▌「祇園祭『くじ取り式』」의 영상을 통한 일본의 축제

▌관련된 단어와 표현

Clip >>>> 3

1 들어가기

학습내용

▌「コロナの影響でオンラインでさっぽろ雪まつり開催」의 영상을 통한 일본의 축제
▌관련된 단어와 표현

학습목표

▌「コロナの影響でオンラインでさっぽろ雪まつり開催」의 영상을 통해 일본의 축제에 관한
  내용을 이해할 수 있다.
▌관련된 단어와 표현을 익혀 활용할 수 있다.

2 영상보기

▶ メディアⅣ「コロナの影響でオンラインでさっぽろ雪まつり開催」

[문제] 北海道を感じられる三つの雪像が作られた場所は?
[해답] 羊ケ丘展望台

3 단어학습

□ 風物詩	ふうぶつし	풍물시
□ 雪像	せつぞう	설상
□ 観光客	かんこうきゃく	관광객

☐	収まる	おさまる	진정되다
☐	右腕	みぎうで	오른 팔
☐	角度	かくど	각도
☐	靡く	なびく	나부끼다
☐	再現される	さいげんされる	재현되다
☐	見せ方	みせかた	보이는 방법
☐	見どころ	みどころ	볼 만한 것
☐	配信	はいしん	전송
☐	大雪像	だいせつぞう	대설상
☐	動画	どうが	동영상
☐	閑散	かんさん	한산
☐	立ち寄る	たちよる	들르다

4 해설강의

일본어

　冬の風物詩、札幌雪祭り。

　国内外から毎年200万人以上が訪れますが、今年は新型コロナの影響で事実上の中止に。

　「いつもであれば、大きな雪像がわたしの後ろにあるんですが、今年はありません。観光客の姿ももちろんありません。」

　大通り公園の雪像の姿がないのは、札幌雪祭りが始まった1950年以降初めてのことです。

　「寂しいですけども、しょうがないなって。去年、なんか雪まつりがあって、いろいろ増えたのもあるし…」

　「まあ、寂しいけど犬の散歩にはいいですけど。来年は、あれですよね、コロナが収まって、あの、やれるようになってほしいですけどね。」

そこで、代わりに行われているのが、

羊ケ丘展望台には、北海道を感じられる三つの雪像が作られました。

羊ケ丘展望台のシンボル。クラーク博士像とほぼ同じ大きさの雪像。右腕の角度や風になびくジャケットの角度まで、細かく再現されています。ほかにも人気キャラクタ雪ミクの雪像など、市内2か所に合わせて4基の雪像が作られました。

「本当は、ええ、来ていただいて、皆さんに見てもらいたかったんですけど、まあ、ええ、こういう、まあ、時期なので、オンラインという、まあ、見せ方もですね…」

そこで、今日から始まったオンライン札幌雪まつり。特設サイトでは、見どころを伝えるライブ配信のほか、過去の大通り会場の大雪像の様子を体験できる360度動画も。観客を集めない形での雪まつりは、71年の歴史上、初(はつ)です。一方、大通り公園の近くにある二条市場も閑散としていました。

「もうね、今、にっちもさっちもいかない状態。最悪の状態です。95%とか、98%減の月もあります。」

毎年、雪まつりの時期になると、必ず立ち寄ってくれる観光客もいるといいます。しかし、今はその姿はほとんどなく、今日も午後1時には店を閉めました。

「皆さん、行き来できるようになって、一刻も、そういうふうに、いい状態になっていただければ、ありがたいなと思っています。」

HTB北海道ニュースによる

한국어 역

겨울의 풍물시 삿포로 눈 축제.
국내외로부터 매년 200만명 이상이 찾아옵니다만 올해는 코로나 영향으로 사실상 중지.
"여느 때 같으면 커다란 설상이 저의 뒤에 있습니다만 올해는 없습니다. 관광객의 모습도 물론 없습니다."
오도리공원의 설상 모습이 없는 것은 삿포로 눈 축제가 시작한 1950년이후 처음 있는 일입니다.
"쓸쓸하지만 어쩔 수 없죠. 작년 눈 축제가 있어서 여러가지로 늘어난 것도 있어서요"
"뭐 쓸쓸하지만 개 산책에는 좋죠. 내년은 코로나가 잠잠해져 할 수 있게 되었으면 합니다만."

그래서 대신 행해지고 있는 것이.

히츠지가오카 전망대에 홋카이도를 느낄 수 있는 3개의 설상이 만들어 졌습니다.

히츠지가오카 전망대의 심볼. 크라크박사 동상과 거의 같은 크기의 설상. 오른 쪽 팔의 각도나 바람에 나부끼는 자켓각도까지 세세하게 재현되어 있습니다. 그 밖에도 인기 캘릭터 유키미쿠 등, 시내 2곳에 합쳐서 4개의 설상이 만들어 졌습니다.

"본래 같으면 오셔서 여러분이 볼 수 있게 하고 싶었습니다만 이런 시기이기 때문에 온라인으로 보이는 방법도…."

그래서, 오늘부터 시작된 온라인 삿포로 눈 축제.특설 사이트에서는 볼 만한 것을 전하는 라이브 전송을 비롯해, 과거 오도오리회장의 대설상 모습을 체험할 수 있는 360도 영상도. 관객을 모을 수 없는 형태로의 눈 축제는 71년 역사상 처음입니다. 한편 오도오리공원 근처에 있는 니죠시장도 한산합니다.

"이미 지금은 이러지도 저러지도 못하는 상태, 최악의 상태입니다. 95%, 98% 줄어든 달도 있습니다."

매년 눈 축제 시기가 되면 반드시 들러 주는 관광객도 있다고 합니다. 하지만 지금은 그 모습은 거의 없고 오늘도 오후 1시에 가게 문을 닫았습니다.

"여러분, 왕래할 수 있게 되어 한시라도 빨리 그렇게, 좋은 상태가 되면 고맙겠다고 생각하고 있습니다."

5 표현학습

■ にっちもさっちも : (뒤에 부정을 수반하여)이러지도 저러지도

例 今、にっちもさっちもいかない状態。

　　지금은 이러지도 저러지도 못하는 상태.

문제 다음 한국어에 알맞게 일본어로 작문해 보시오.

① 만약 그가 이번 선거에 지면 더 이상 이러지도 저러지도 못하게 된다.

▶ _____

答 もし彼が今度の選挙に負ければ、もうにっちもさっちもいかなくなる。

② 이러지도 저러지도 못하게 되어 버렸습니다.

▶ _____

答 にっちもさっちもいかなくなってしまいました。

■ 「コロナの影響でオンラインでさっぽろ雪まつり開催」의 영상을 통한 일본의 축제

■ 관련된 단어와 표현

Clip >>>> 4

1 들어가기

학습내용

▍「信州の御柱祭り」의 영상을 통한 일본의 축제
▍관련된 단어와 표현

학습목표

▍「信州の御柱祭り」의 영상을 통해 일본의 축제를 이해할 수 있다
▍관련된 단어와 표현을 익혀 활용할 수 있다

2 영상보기

▶ メディアⅣ「信州の御柱祭り」

문제 御柱という神事は何年以上続いていますか?
해답 解答：1200年

3 단어학습

□	桁	けた	자리수, 규모, 수준
□	巨木	きょぼく	거목
□	跨る	またがる	걸터 타다. 걸치다
□	滾る	たぎる	끓어오르다. 소용돌이치다

	上社	かみしゃ	윗 신사
	下社	しもしゃ	아랫 신사
	諏訪大社	すわたいしゃ	나가노현 스와호수 주변 4곳에 있는 신사
	境内	けいだい	경내
	神木	しんぼく	신사의 경내에 자라는 나무
	樹齢	じゅれい	수령. 나무나이
	樅	もみ	전나무
	神事	しんじ	신을 제사 지내는 일
	建て替える	たてかえる	개축하다. 다시 세우다
	見せ場	みせば	볼만한 장면
	奉納	ほうのう	봉납, 신불에게 헌상함

4 해설강의

일본어

されど、この祭りは、この祭りは、ケタが違う。

巨木にまたがり谷を行く。命を懸けた天下の祭り。

数えで七年、一度だけ。男よ、その血をたぎらせよ。

これが信州諏訪の御柱だ。

「私、男性だったら絶対参加してたかもしんない。楽しみですよね。」

諏訪湖を中心に上社と下社に分かれ、それぞれ二つ、合計4つのお宮をもつ日本最古の神社の一つ、諏訪大社。境内の四隅に立つ御神木は樹齢150年以上、長さ17メートル、直径1メートル余り、重さ10トンにもなる合計16本のモミの巨木。

この御神木を数えで七年に一度建て替える神事が1200年以上続く『御柱』。

その最大の見せ場となるのが、神社に御神木を奉納する際、避けては通れ

ない急斜面の『木落し』。坂の最大斜度は35度。横から見るとまるで崖のような急斜面を男たちは一気に滑ってゆくのだ。

BHCによる

한국어 역

그래도, 이 축제는, 이 축제는, 차원이 다르다.
거목에 걸터 타 계곡을 내려간다. 목숨을 건 천하의 축제.
세어서 7년, 한번 뿐. 남자여! 그 피를 끓어오르게 하라.
이것이 신슈 스와의 온바시라다.

[내가 남자였으면 절대 참가했었을지도 몰라요. 기대되지요.]

스와호를 중심으로 윗신사, 아래신사로 나뉘어져 각각 두 개. 합계 4개의 신사를 가진 일본 최고 신사의 하나인 스와신사. 경내의 네 개 끝에 서 있는 신목은 나무나이 150년이상, 길이 17미터, 직경 1미터정도, 무게 10톤이나 되는 합계 16개의 전나무 거목.
이 신목을 세어서 7년에 한 번 개축하는 제사가 1200년이상 계속된 [온바시라]. 그 최대의 볼 만한 장면이 신사에 신목을 봉납할 때 피하고는 지나갈 수 없는 급사면의 [나무 떨어뜨리기]. 언덕의 최대경사는 35도. 옆에서 보면 마치 벼랑과 같은 급사면을 남자들이 한꺼번에 미끄러져 가는 것이다.

---

5 표현학습

■ ケタが違う : 차원이 다르다. 규모가 다르다

[例] この祭りは、ケタが違う。

　　　이 축제는 차원이 다르다.

[문제] 다음 한국어에 알맞게 일본어로 작문해 보시오.

① 그의 연수입은 우리들과 차원이 다르다.

▶ _____

[答] 彼の年収は私たちとケタが違う。

② 이 소고기 맛은 차원이 다를 정도로 맛있다.

▶ _____

[答] この牛肉の味はケタが違うほどおいしい。

6 정리하기

▌「信州の御柱祭り」의 영상을 통한 일본의 축제

▌관련된 단어와 표현

ひな祭りの歴史

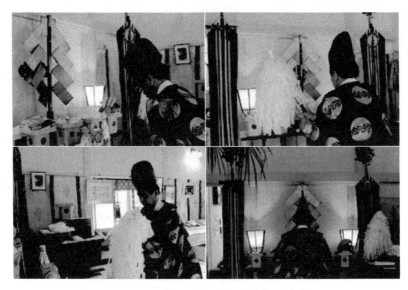

[사진1] 赤城神社で行われた上巳の節句の様子。
http://www.akagi-jinja.jp/info/2009/post-4.html

　ひな祭りの歴史は古く、その起源は平安時代中期(約1000年前)にまでさかのぼります。

　その頃の人々は、三月の初めの巳の日に、上巳(じょうし、じょうみ)の節句といって、無病息災を願う祓いの行事をしていました。陰陽師(おんみょうじ・占い師のこと)を呼んで天地の神に祈り、季節の食物を供え、また人形(ひとがた)に自分の災厄を托して海や川に流すのです。 사진1

　また、その頃、上流の少女たちの間では"ひいな遊び"というものが行われていました。ひいなとはお人形のことです。紙などで作った人形と、御殿や、身の回りの道具をまねた玩具で遊ぶもので、いまの"ままごと遊び"でしょう。このことは紫式部の『源氏物語』や、清少納言の『枕草子』にも見られます。

　長い月日の間に、こうした行事と遊びが重なり合って、現在のようなひな祭りとなりました。

上巳の節句が三月三日に定まったのは、わが国では室町時代(約600年前)頃のことと思われます。しかし、この頃から安土・桃山時代にかけては、まだひな人形を飾って遊ぶ今のひな祭りとはかけはなれた、祓いの行事の日でした。この日が華やかな女性のお祭りとなるのは、戦国の世が終り、世の中が平和になった江戸時代からのことです。

　江戸初期の寛永6年(1629)、京都御所で盛大なひな祭りが催されました。この頃から、幕府の大奥でもひな祭りを行うようになり、やがてこの習慣は上流から町民へ、大都市から地方へと大きく広がっていったのです。 사진2

[사진2] 京都御所 石薬師御門の桜
http://www.mapple.net/photos/H0000019015.htm

　そして江戸中期には、女性たちばかりでなく、女の赤ちゃん誕生を祝う初節句の風習も生まれて、ひな祭りはますます盛んとなりました。江戸市中には雛市(ひないち)が、日本橋十軒店(じゅっけんだな・いまの室町)や浅草茅町(かやちょう・いまの浅草橋)など各所に立って大変にぎわいました。またこの頃から附属のひな人形やひな道具の種類も多くなり、かなり贅沢なものが作られるようになりました。幕府はひな人形の華美を禁じるお触れを再三出しています。 사진3

[사진3] 十軒店雛市の様子。長谷川雪旦・画『江戸名所図会(巻之壱)』より
http://www.japanknowledge.com/contents/serial/heritage/edomeisho/2.html

　明治に入ると、新政府は従来の節句行事を廃止して新しく祝祭日を定めました。節句行事は一時衰えますが、しかし、長い間人々の生活に根を下ろした行事は簡単になくなるものではなく、やがて復活します。こうして上巳、端午、七夕など子どもに関係深いお節句は、いまも民間行事として盛んに行われています。

出典：一般社団法人日本人形協会HP

http://www.ningyo-kyokai.or.jp/jiten/history.html

저 자 약 력

❙정 현 혁(鄭炫赫)

1993년 한국외국어대학교 일본어과 졸업
1995년 한국외국어대학교대학원 일어일문학과 졸업(문학석사)
2007년 와세다(早稲田)대학대학원 문학연구과 졸업(문학박사)

현 재 사이버한국외국어대학교 일본어학부 교수
        일본어학(일본어사) 전공

논문 및 저서

「キリシタン版国字本の文字・表記に関する研究」
「吉利支丹心得書の仮名遣い―和語を中心に―」
「慶応義塾図書館蔵『狭衣の中将』の使用仮名」
「キリシタン版『ぎやどぺかどる』の仮名の用字法」
「定訓漢字の観点からみる常用漢字」
『스마트 일본어』
『한국인이 틀리기 쉬운 일본어 발음』
『일본어학의 이해』
『일본어 첫걸음』
『일본어 한자기초 1006자』
『일본 상용한자 2136자 읽기』
『한권 완벽대비 일본어 능력시험 N2』
『일본어악센트 습득법칙』(역)
등 다수

[개정판] 미디어 일본어

개정판 인쇄   2021년 08월 19일
개정판 발행   2021년 08월 23일

저 자   정 현 혁
발 행 인   윤 석 현
발 행 처   제이앤씨
책임편집   최 인 노
등록번호   제7-220호

우편주소   서울시 도봉구 우이천로 353
대표전화   02) 992 / 3253
전 송   02) 991 / 1285
홈페이지   http://www.jncbms.co.kr
전자우편   jncbook@hanmail.net

ⓒ 정현혁 2021. Printed in Korea.

ISBN 979-11-5917-181-9   13730   정가 21,000원